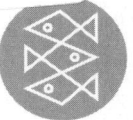

Die ersten Tiere im Weltraum waren weder Affen noch Hunde, sondern Fruchtfliegen. Holzhacken erhöht den Testosteronspiegel um vierzig Prozent. Mathematiker haben bewiesen, dass Vampire nicht existieren können.

Liebhaber von unnützem Wissen kommen mit Kris Sanchez' Uber-Facts voll auf ihre Kosten. Wer wissen möchte, wie Heringsfürze beinahe einen Krieg ausgelöst hätten oder welcher Papst vor seiner Krönung einen Liebesroman schrieb, der ist hier genau richtig.

Kris Sanchez teilte während seines Studiums lieber unnütze Fakten, als für seine Klausuren zu lernen. Heute haben seine Social-Media-Kanäle über 16 Millionen Follower, und @UberFacts ist eine weltweit erfolgreiche Marke, die Stars wie Kim Kardashian, Enrique Iglesias und Miley Cyrus zu ihren Fans zählt.

Weitere Informationen finden Sie auf www.fischerverlage.de

Kris Sanchez

Verschwinden Kalorien, wenn man sie mit Käse überbackt?

Schräge UberFacts für alle Lebenslagen

Aus dem Amerikanischen von Elisabeth Schmalen

FISCHER Taschenbuch

Erschienen bei FISCHER Taschenbuch
Frankfurt am Main, Januar 2019

Die Originalausgabe erschien 2016 unter dem Titel
»Cats are Capable of Mind Control« bei HarperCollins.
© 2016 by UberFacts, LLC.

Für die deutschsprachige Ausgabe:
© 2018 S. Fischer Verlag GmbH,
Hedderichstr. 114, D-60596 Frankfurt am Main

Vignette S. 193, 200, 211, 217, 224, 229: Icon made by
Freepik from www.flaticon.com
Satz: Dörlemann Satz, Lemförde
Druck und Bindung: GGP Media GmbH, Pößneck
Printed in Germany
ISBN 978-3-596-70273-2

Inhalt

Vorwort

UberFacts ist dem Gehirn des Social-Media-Süchtigen/ professionellen Prokrastinators Kris Sanchez entsprungen – ich fing im ersten Jahr auf dem College an, nach Fakten zu suchen, weil ich keine Lust hatte, für eine Geschichtsklausur zu lernen. Natürlich fiel ich durch und schmiss irgendwann das Studium, und fast wäre dieses Buch nie entstanden.

Und obwohl die wahllose Suche nach Fakten über die Anzahl der Insekten auf der Erde oder die Fortpflanzungsweise der Honigbienen sicher keine typische Freizeitbeschäftigung für einen achtzehnjährigen Studenten ist, hat sie sich definitiv ausgezahlt.

UberFacts hat jetzt mehr als 16 Millionen Follower in den sozialen Medien und widmet sich ganz der Verbreitung der bizarrsten, unwichtigsten und verblüffendsten Fakten und Tatsachen, die man sich vorstellen kann. Das Ziel ist, auf unterhaltsame und unbeschwerte Weise Wissen zu vermitteln und bei den Lesern ein echtes Interesse an unserer verrückten Welt zu wecken.

Außerdem eignen sich die Fakten super als Eisbrecher, was bei schlechten Dates manchmal echt praktisch sein kann (wirklich, mit schlechten Dates kenne ich mich aus).

Natürlich wäre dieses Vorwort nicht vollständig, wenn ich es nicht schamlos zu Werbezwecken nutzen würde. Also: Besucht UberFacts auf Twitter, Facebook und Instagram!

NATUR-
WISSENSCHAFTEN

Kaffee kann durch Alkoholgenuss verursachte Leberschäden wieder rückgängig machen, hat man herausgefunden.

Ein Forscher hat eine bionische Linse entwickelt, die operativ in den Augapfel eingesetzt werden kann und dafür sorgt, dass man nie wieder eine Brille tragen muss.

Es gibt drei Billionen Bäume auf der Erde, doch bevor der Mensch Landwirtschaft betrieb, waren es doppelt so viele.

Tauben können darauf abgerichtet werden, Brustkrebs auf Mammographiebildern zu erkennen.

Das festeste Material der Erde befindet sich in den Zähnen der im Meer lebenden Napfschnecken. Es hält dem Druck stand, unter dem Kohlenstoff zu Diamanten wird. Bei einem Durchmesser von nur einem Hundertstel eines menschlichen Haares entspricht die Kraft des Materials der einer Spaghetti, an der ein Flusspferd hängt.

In diesem Jahrhundert sind bisher 14 Tierarten ausgestorben, darunter eine leuchtend orangefarbene Kröte und zwei Nashornarten.

Ein durchschnittlicher Mann müsste 149 Dosen Red
Bull trinken, um an einer Koffein-Überdosis zu sterben.
Allerdings würde er sich übergeben, bevor er die Menge
intus hätte.

Die Männchen der in Afrika behei-
mateten Blaukopfschmetterlings-
finken führen einen Stepptanz auf,
um Weibchen anzulocken.

Die größte Indoor-Farm der Welt befindet
sich in der japanischen Präfektur Miyagi und
bringt täglich 10 000 Salatköpfe hervor. Statt
auf Sonnenlicht setzt der Hof auf spezielle
LED-Leuchten, die Tag und Nacht simulieren
und deren Lichtwellen optimal auf das Wachs-
tum von Pflanzen ausgerichtet sind, so dass
der Salat dort 2,5-mal schneller wächst als auf
Freiluftfeldern.

Männliche Enten sind beim Sex mit
toten Geschlechtsgenossen beobach-
tet worden.

Vampirfledermäuse sind die einzigen Fleder-
mäuse, die laufen können.

Der größte Wels, der je gesichtet wurde, ist ein Mekong-Riesenwels, der 2005 in Thailand gefangen wurde. Er wog 293 Kilogramm und war mit über 2,50 Metern Länge ungefähr so groß wie ein Grizzlybär. Als Zeichen des Respekts beträufelten die einheimischen Fischer den sogenannten Königsfisch nach dem Fang mit parfümiertem Wasser.

Flugzeug-Blackboxes sind gar nicht schwarz, sondern orange.

Es sind schon zwei Ingenieure bei Testflügen mit selbsterfundenen fliegenden Autos ums Leben gekommen.

Der giftige Stich der 24-Stunden-Ameise verursacht angeblich die schlimmsten Schmerzen, die ein Mensch erfahren kann. Ein Wissenschaftler verglich sie damit, mit einem zehn Zentimeter langen Nagel im Fuß über glühende Kohlen zu laufen ... 24 Stunden lang.

Glaskugeln prallen höher vom Boden ab als Gummibälle, doch Stahlkugeln übertreffen beide.

Der größte Unterwasser-Vulkan der Erde, das Tamu-Massiv, ist so groß wie der US-Bundesstaat New Mexico.

Die ersten Tiere im All waren Fruchtfliegen, die 1947 in einer US-amerikanischen Rakete hinaufgeschossen wurden. Sie lebten noch, als man das Gefährt zurückholte.

Die einzigen Überlebenden der *Columbia*-Spaceshuttle-Katastrophe im Jahr 2003 waren Fadenwürmer, die als Parasiten an Bord gelangt waren.

Perytone sind Radiosignale, die nur wenige Millisekunden andauern und freigesetzt werden, wenn man die Tür einer Mikrowelle zu früh öffnet. Ihre Bezeichnung geht auf ein angebliches Fabelwesen zurück, das meist dem argentinischen Schriftsteller Jorge Luis Borges zugeschrieben wird.

Ein Mann verbrachte sieben Monate damit, einen Zauberwürfel mit 22 Seiten zu bauen. Er explodierte bei der ersten Drehung und wurde vollständig zerstört.

Es ist möglich, das Geschlecht eines Menschen anhand des Fingerabdrucks zu bestimmen. Frauen sondern doppelt so viele Aminosäuren ab wie Männer, die zudem anders verteilt sind.

Der Weltraum riecht nach einer Mischung aus Diesel-kraftstoff und gegrilltem Fleisch, sagen Astronauten. Auslöser dieses Geruchs sind sterbende Sterne.

Der Schweiß von Flusspferden enthält ein natürliches Sonnenschutzmittel. Es besteht aus mikroskopisch kleinen Strukturen, die Sonnenlicht reflektieren und so vor Verbrennungen schützen.

Auf einer Insel vor der Küste Brasiliens, die als »Schlangeninsel« bekannt ist, gibt es angeblich eine Schlange pro Quadratmeter. Da die Insel die extrem giftige und zudem stark vom Aussterben bedrohte Insel-Lanzenotter beheimatet, ist Menschen das Betreten strikt verboten.

Das kleine Loch in Flugzeugfensterscheiben dient dazu, den Luftdruck in der Kabine zu regulieren und zu verhindern, dass Wasser auf dem Glas kondensiert.

Manche Wissenschaftler glauben, dass die Erde auf Selbstzerstörung ausgelegt ist, um zu ihrem ursprünglichen, leblosen Zustand zurückzukehren. Gestützt wird die sogenannte Medea-Hypothese – benannt nach der Frauengestalt aus der griechischen Mythologie, die ihre Kinder ermordete – von der Tatsache, dass es bereits mehrmals zu Massenaussterben kam, die größtenteils durch Mikroben ausgelöst wurden.

Physiker sind zu dem Schluss gekommen, dass mit Butter bestrichenes Toastbrot nicht auf der gebutterten Seite landet, weil diese schwerer ist, sondern aufgrund von Murphys Gesetz – was schiefgehen kann, geht auch schief.

Anders als allgemein angenommen, ist nicht Kansas der flachste Staat der Vereinigten Staaten, sondern Florida. Kansas erreicht in der Liste der flachsten Staaten nur Platz sieben.

Es gibt 293 verschiedene Kombinationen von Münzen, die zusammen einen Dollar ergeben. Trotzdem sind Kombinationen möglich, deren Summe einen Dollar übertrifft mit denen man aber nicht genau einen Dollar herausgeben kann.

Obwohl wir uns den Weltraum immer als schwarzes Vakuum vorstellen, ist das Universum hauptsächlich beige. Dieser Farbton wird von Wissenschaftlern »Kosmisch-Latte« genannt.

Das Tōhoku-Erdbeben in Japan im Jahr 2011 war so stark, dass es die Erdachse um etwa 16,5 Zentimeter verschob und den Erdentag um 1,8 Mikrosekunden verkürzte.

Google hat ein künstliches Gehirn erschaffen – und es reagiert genauso begeistert auf Katzenvideos wie Menschen.

Der Krumme Wald in Polen besteht aus über 400 Kiefern, die direkt über dem Boden im rechten Winkel gebogen sind. Warum, weiß niemand, auch wenn mittlerweile festgestellt wurde, dass die Krümmung irgendwann in den 1930er Jahren entstanden sein muss und wahrscheinlich menschengemacht ist.

Wissenschaftler haben große Mengen Wasser unter der Erdoberfläche entdeckt. Es handelt sich im Grunde um unterirdische Ozeane.

Die Erde ist 4,6 Milliarden Jahre alt. Wenn man diese Zeitspanne auf 46 Jahre herunterrechnet, gibt es den Menschen erst seit vier Stunden und die Zivilisation, wie wir sie kennen, erst seit einer Minute.

Linsenförmige Wolken – die Fachbezeichnung lautet »lenticularis« – sind seltene Formationen, die wie UFOs aussehen können. Sie bilden sich, wenn der Wind auf ein Hindernis wie einen Berg oder auch ein Gebäude trifft und einen Wirbel formt.

Astronomen haben ein äußerst ungewöhnliches Lichtmuster rund um einen Stern entdeckt, der fast 1500 Lichtjahre von uns entfernt liegt. Ihnen fiel ein Flackern auf, das zwar möglicherweisen von Kometen ausgelöst wurde, aber auch ein Hinweis auf gewaltige »Alienbauten« rund um den Stern sein könnte.

Die japanische Insel Aogashima ist ein Vulkan in einem Vulkan. Genau genommen ruht sie sogar auf den Überresten von vier unter der Wasseroberfläche liegenden Vulkanen.

Biologen glauben, dass sich der Alterungsprozess umkehren lässt, indem man Blut durch jüngeres Blut ersetzt.

Die meisten Schlangen haben nur einen funktionierenden Lungenflügel. Der linke Flügel ist so klein, dass er bei den meisten Arten keinerlei Funktion hat.

Alligatoren haben sehr, sehr kleine Herzen. Eine These lautet, dass ihnen dieser Umstand ermöglicht, lange die Luft anzuhalten, während sie auf Beute warten.

Rapunzel, Rapunzel! Ein einzelnes Haar kann bis zu 85 Gramm Gewicht tragen. Das bedeutet, dass ein normaler menschlicher Haarschopf zwölf Tonnen halten könnte.

Jedes Jahr entdecken Naturwissenschaftler im Schnitt 15 000 neue Arten.

Forscher untersuchen den Atemtrakt von Alligatoren, indem sie ihnen mit einer E-Zigarette Nebelfluid ins Maul pusten.

Ein Eisberg wiegt im Durchschnitt gut 20 Millionen Tonnen.

Der Rotrückensalamander hat keine Lunge und atmet durch die Haut.

Die Jungen der Fitzroy-Schildkröte atmen durch ihr Hinterteil.

In Wisconsin haben Archäologen einen 800 Jahre alten Samen einer ausgestorbenen Kürbisart gefunden und eine Pflanze daraus gezogen. Der Kürbis ist somit nicht mehr ausgestorben.

Obwohl der Omurawal ungefähr so lang ist wie ein Schulbus, hatte ihn bis zum Jahr 2015 kein Forscher lebend zu Gesicht bekommen. Zuvor war die Existenz des Wals nur durch tote Exemplare belegt gewesen.

Der Riesenkalmar galt lange als mythologische Gestalt. Es gab keinerlei Beweise für seine Existenz, bis es 2013 gelang, ihn zu filmen.

Der Aralsee in Usbekistan war einst einer der vier größten Seen der Erde. In den letzten Jahrzehnten ist er aber auf ein Zehntel seiner Fläche geschrumpft, nachdem die Sowjetunion seine Zuflüsse umleitete, um in der Wüste Reis anzupflanzen.

Ein kleiner, idyllisch wirkender Bach im englischen Yorkshire hat eine schmale, aber extrem gefährliche Engstelle, die demjenigen, der das Pech hat hineinzufallen, das Leben kostet. Es heißt, dass bisher niemand, der dort ins Wasser gestürzt ist, wieder herausgekommen sei. Nicht einmal die Leichen tauchen wieder auf.

Der Mittelpunkt des Universums befindet sich in Tulsa (US-Bundesstaat Oklahoma). Na ja, nicht buchstäblich – so lautet der Name eines merkwürdigen Phänomens, das zufällig geschaffen wurde. Geräusche, die innerhalb eines Ziegelsteinkreises verursacht werden, hallen in einem Umkreis von knapp zweieinhalb Metern Durchmesser wider, sind außerhalb davon aber nicht zu hören.

Das Elementsymbol für Plutonium im Periodensystem lautet »Pu«, weil Glenn Seaborg, der das Element im Rahmen seiner Arbeit für das Manhattan-Projekt entdeckte, es lustig fand, ihm einen »stinkenden« Namen zu geben. »*Pee-yew!*« klingt im Englischen wie Pu und ist ein Ausruf, vor allem von Kindern, wenn etwas stinkt. Pfui bäh ...

Auf der tropischen Insel Koh Lipe vor der Küste Thailands gibt es einen schwarzen Kieselstrand. Es heißt, dass jeder, der einen der Steine von der Insel mitnehme, lebenslang verflucht sei.

Der Große Sandsee in Ägypten und Libyen ist voller Bruchstücke des geheimnisvollen Wüstenglases. Es entstand vermutlich vor 26 Millionen Jahren durch einen Meteoriteneinschlag, doch sicher wissen die Geologen es nicht.

Es gibt Tausendfüßler, die im Dunkeln leuch-
ten und nach Mandeln riechen. Sie kommen
hauptsächlich in Kalifornien vor.

Mindestens acht
Tarantelarten sind
leuchtend blau.

Auf 90 Prozent der Landmasse der
Erde ist es möglich, sich auf irgend-
eine Weise mit dem Internet zu
verbinden.

Der Mathematiker Joseph Fourier glaubte,
dass es seiner Gesundheit zuträglich wäre,
sich immer in eine Decke zu hüllen, wohin er
auch ging. Er starb, nachdem er über die Decke
gestolpert und gefallen war

Robert Fitzroy, Kapitän der HMS
Beagle, beging nach der Expedition
mit Charles Darwin Selbstmord, zum
Teil aufgrund von Schuldgefühlen,
weil er Darwin bei der Entwicklung
der Evolutionstheorie behilflich war.

Wissenschaftler der Cornell University haben
eine bespielbare Gitarre erschaffen, die so klein
ist wie eine menschliche Blutzelle.

Die Labortagebücher von Pierre und Marie Curie sind immer noch so radioaktiv, dass sie nur mit Schutzanzug angefasst werden können.

2009 erklärte der Vatikan, dass Charles Darwins Evolutionstheorie mit der christlichen Theologie vereinbar sei.

Jimmy Carter ließ Solarzellen auf dem Dach des Weißen Hauses anbringen, Ronald Reagan sie wieder entfernen.

Klerksdorp-Kugeln sind kleine, runde Objekte, die in etwa drei Milliarden Jahre alten Pyrophilit-Vorkommen gefunden wurden. Was genau sie sind, weiß niemand, doch während viele Geologen sie für das Produkt natürlicher Prozesse in der Erde halten, gibt es auch eine Reihe von Wissenschaftlern, die in ihnen einen Hinweis auf vormenschliches intelligentes Leben sehen.

In die Sonne zu schauen kann Niesen auslösen. Das liegt am photischen Reflex, der bislang noch größtenteils unerforscht ist.

Sagittarius B2 ist eine Molekülwolke aus Alkohol nahe dem Zentrum der Milchstraße. Ihre Masse ist dreimal so groß wie die unserer Sonne.

Aufgrund der Gezeitenbeschleunigung nimmt die Erdrotation über die Zeit langsam ab. So dürfte ein Jahr vor 350 Millionen Jahren etwa 385 Tage gehabt haben.

Vor 5,5 Millionen Jahren trocknete das Mittelmeer komplett aus.

Die Atmosphäre der Sonne ist 600-mal heißer als ihre Oberfläche.

Der Asteroid 2010 TK$_7$ hat einen Durchmesser von 300 Metern und folgt der Erde auf ihrer Umlaufbahn durch das Sonnensystem.

Aufgrund von Wetterphänomenen und topographischen Mustern, die Wissenschaftler noch nicht vollständig durchdrungen haben, zucken am Maracaibo-See in Venezuela fast das ganze Jahr lang Blitze über den Himmel.

NASA-Forscher glauben, dass es im Weltall mehr vagabundierende Planeten – das sind Planeten, die wahrscheinlich von Sonnensystemen ausgestoßen wurden – als Sterne gibt.

Viele Orangen wären eigentlich grün, wenn sie reif sind. Wissenschaftler entfernen das Chlorophyll, um sie für nordamerikanische Verbraucher verlockender zu machen.

Auf einem der Uranus-Monde gibt es eine Felswand, die zwölfmal höher aufragt als die höchste Steilwand des Grand Canyons. Sie gilt als höchste Felswand des Sonnensystems.

Vor 300 Millionen Jahren gab es Libellen, die so groß waren wie große Vögel.

Der Baikalsee in Sibirien ist mit 1620 Metern der tiefste See der Erde.

Der Körper eines erwachsenen Menschen besteht aus etwa sieben Quadrilliarden Atomen.

Zöge man die gesamte DNS eines Menschen auseinander, ergäbe sich ein Strang, der 17-mal bis zum Pluto und zurück reichen würde.

Der menschliche Körper enthält zehnmal mehr Bakterien- als Körperzellen.

Mit 2000 Kilometern Länge ist das Great Barrier Reef die größte lebende Struktur der Welt.

In einem Teelöffel voll Wasser stecken achtmal so viele Atome wie Teelöffel voll Wasser in den Weltmeeren.

Ein Mensch läuft im Durchschnitt in seinem Leben eine Strecke, die fünf Runden um die Erde entspricht.

Kühlt man Helium auf −269 Grad Celsius ab, erhält man eine Flüssigkeit, die entgegen der Schwerkraft fließt.

Betelgeuse, der hellste Stern, den wir sehen können, wird irgendwann – jetzt oder in den nächsten paar hunderttausend Jahren – zu einer Supernova werden. Wenn das geschieht, wird unser Himmel zwei Monate lang hell erleuchtet sein.

Menschliche Blutzellen brauchen 60 Sekunden, um eine komplette Runde durch den Blutkreislauf zu drehen.

Obwohl das Universum unendlich erscheint, gibt es nur 100–200 Galaxien, von denen wir wissen.

Die Viele-Welten-Interpretation des Spieltheoriebegründers Hugh Everett legt nahe, dass alle möglichen alternativen Geschichtsverläufe und Realitäten real sind, und gilt unter den meisten Quantenphysikern als stichhaltig.

Ein mit dem WLAN verbundener Laptop auf dem Schoß eines Mannes verringert seine Spermienmobilität und zersetzt die DNS in den Spermien.

Die Gänsehaut, die man beim Hören von Musik bekommt, wird dadurch ausgelöst, dass das Gehirn Dopamin ausschüttet, einen Neurotransmitter, der Glücksgefühle auslöst.

70 Prozent der Naturwissenschafts- und Ingenieursstudierenden an iranischen Universitäten sind Frauen.

Eine Studie hat gezeigt, dass es den Menstruationszyklus einer Frau beeinflusst, wenn man ihr männlichen Achselschweiß auf die Lippen aufträgt.

Wissenschaftler haben es geschafft, mit Hilfe des AIDS-Virus eine Maus von Krebs zu heilen.

In einer Art realem *Jurassic Park*-Projekt versuchen Forscher von der Universität Princeton, Dinosaurier aus Hühner-DNS wiederzuerschaffen.

Der mit einer Million Dollar dotierte Millennium-Preis wird für die Lösung eines jeden von sieben mathematischen Problemen vergeben, doch bis heute ist nur eines davon gelöst worden.

Ozzy Osbournes DNS ist wissenschaftlich untersucht worden, um zu ermitteln, wie er seinen extremen Drogenkonsums über so viele Jahre überleben konnte.

Kerzenflammen enthalten Millionen mikroskopisch kleine Diamanten.

Die BBC hat eine Studie durchgeführt, um herauszufinden, ob unterschiedliche Nahrungsmittel den Geschmack von Sperma beeinflussen. Es stimmt'

In einer britischen Forschungsstudie wurde festgestellt, dass die meisten Menschen den Anblick von Kunst mehr genießen, wenn sie vorher einen Horrorfilm gesehen haben.

Die US-amerikanische National Science Foundation ließ der Indiana University eine Million Dollar zukommen, um verdächtige Memes und die virale Verbreitung falscher Informationen zu untersuchen.

Der chinesische Wissenschaftler Tong Dizhou klonte als erster Mensch einen Fisch, doch das maoistische Regime zwang ihn während der Kulturrevolution, die Forschungen aufzugeben und Hausmeister zu werden.

Der russische Forscher Alexander Bogdanov versuchte, sich unsterblich zu machen, indem er sein Blut mit dem jüngerer Menschen vermischte. Er starb, nachdem er sich versehentlich das Blut eines Malariakranken verabreicht hatte.

Nach dem Zweiten Weltkrieg wurden 1500 deutsche Wissenschaftler unter der Bedingung begnadigt, dass sie im Rahmen der Operation Paperclip für die US-Behörden arbeiteten.

Im Jahr 2015 erhielt das US-amerikanische Verteidigungsministerium finanzielle Mittel in Höhe von 600 Milliarden Dollar. Die NASA bekam 17 Milliarden.

Mexikanische Forscher haben ein Glas Tequila in Diamanten umgewandelt, indem sie die Flüssigkeit auf 800 Grad Celsius erhitzten.

2005 veröffentlichte ein australisches Forschungsinstitut eine Studie über den Verlust von Teelöffeln am Arbeitsplatz.

Val Patterson, ein Wissenschaftler aus Utah, gestand in seinem Nachruf, dass er niemals einen Doktortitel und auch keinen Universitätsabschluss erlangt habe. Der Doktortitel war ihm nach nur drei Studienjahren durch einen Irrtum der Universitätsverwaltung zugesprochen worden.

Wissenschaftler in Tokio haben einen Spiegel entwickelt, der das Spiegelbild des Davorstehenden in Echtzeit verändert, so dass es aussieht, als verziehe sich der Mund zu einem Lächeln.

Auf die Frage nach seinem IQ antwortete Stephen Hawking: »Ich habe keine Ahnung. Leute, die mit ihrem IQ angeben, sind Idioten.«

Der US-Bundesstaat North Carolina hat ein Gesetz erlassen, das es verbietet, Küstenpolitik auf der Grundlage von wissenschaftlichen Prognosen zu betreiben.

Das preisgekrönte Naturwissen-
schaftsprojekt eines Mittelstufenschü-
lers zeigte, dass im Schnitt 70 Prozent
der Eiswürfel in Schnellimbissen stärker
verschmutzt sind als das Wasser in Toilettenschüsseln.

Nur ein Prozent des Wassers auf der Erde ist trinkbar.
Der Rest ist entweder verschmutzt oder Salzwasser.
99 Prozent des Trinkwassers wiederum befinden sich in
den Eiskappen an den Polen.

Die Erdatmosphäre enthält mehr Wasser als
alle Flüsse auf der Erdoberfläche zusammen.

Alfred Nobel, der Stifter des Nobelpreises, verlor seinen Bruder bei
einem Unfall im Labor. Die beiden
hantierten mit flüssigem Stickstoff,
um einen stabileren Sprengstoff zu
finden. Nach dem Unfall konnte Nobel die Untersuchungen abschließen
und erfand das Dynamit.

Wasser ist die einzige Substanz, die sich in
allen drei Aggregatzuständen auf der Erdoberfläche findet – als Flüssigkeit, als Feststoff und
als Gas.

Gonorrhö-Bakterien können 100 000-mal ihr eigenes Gewicht ziehen.

Hibernation ist der Fachausdruck für den Winterschlaf. Es gibt auch die Ästivation, den Sommerschlaf.

Die Fläche Russlands ist größer als die des Pluto.

Obwohl die Forschungen Albert Einsteins zur Erfindung der Atombombe beitrugen, hatte er mit dem tatsächlichen Bau nichts zu tun. Die US-Regierung glaubte, dass seine linken politischen Ansichten ihn zu einem Sicherheitsrisiko machten. Trotz seiner pazifistischen Überzeugungen schrieb Einstein einen Brief an Franklin D. Roosevelt, in dem er ihn drängte, der Entwicklung einer Atomwaffe höchste Priorität einzuräumen. Das Wissen, dass auch die Deutschen an einer solchen Waffe arbeiteten, beunruhigte ihn zutiefst, und er wollte sicherstellen, dass die Amerikaner schneller waren.

Es dauert 40 000 Jahre, bis ein Photon aus dem Kern der Sonne bis zur Oberfläche vorgedrungen ist. Der Rest der Reise zur Erdoberfläche nimmt nur etwa acht Minuten in Anspruch.

Ein Blitz enthält im Durchschnitt genügend
Energie, um 100 000 Scheiben Brot zu rösten.

Kartoffeln verfügen über zwei Chro-
mosomen mehr als Menschen.

Der menschliche Speichel enthält Opiorphin, ein
Schmerzmittel, das sechsmal stärker ist als Morphin.

Pro Sekunde schlagen etwa
100 Blitze in die Erde ein.

Astronauten im Weltraum müssen nicht rülp-
sen, da es keine Schwerkraft gibt, die im Magen
das Gas von der Flüssigkeit trennen würde.

Menschlicher Kot besteht zu 75 Prozent aus Wasser. Bill
Gates hat ein Gerät finanziert, das Kot in Wasser umwan-
delt, in der Hoffnung, so das Trinkwasserproblem der
Welt zu lösen.

Auf dem Mars dauern die Jahreszeiten viel
länger als hier. Aufgrund der elliptischen Umlaufbahn des roten Planeten sind Frühling und
Sommer in der nördlichen Hemisphäre länger,
Herbst und Winter in der südlichen. Außerdem
sind die Temperaturen extremer, die Sommer
sind heißer und die Winter kälter.

Die Oberfläche des Mars ist reich an Eisenvorkommen, die sie rot färben. Deshalb haben schon antike Zivilisationen den Planeten nach seiner Farbe benannt. Die alten Ägypter nannten ihn Her Desher (»den Roten«), die Chinesen »Feuerstern« und die Römer schließlich »Mars«, nach ihrem Kriegsgott (dem Gegenstück zum griechischen Gott Ares).

Ein Marstag ist etwas länger (24 Stunden und 40 Minuten) als ein Erdentag (23 Stunden und 56 Minuten).

Die erste Raumsonde, die zum Mars geschickt wurde, war die sowjetische Mars 1 im Jahr 1962. Unterwegs verlor die Bodencrew aber den Kontakt zur Sonde. Die erste US-amerikanische Raumsonde, die den Mars erreichte, war die Mariner 4 im Jahr 1964. Sie schickte die ersten Bilder vom roten Planeten an die Erde.

Phobos, der größere der zwei Marsmonde, umkreist den Planeten so schnell, dass er jeden Tag zweimal aufgeht (im Osten) und einmal untergeht (im Westen). Deimos, der kleinere Mond, ist so klein, dass er einem Astronauten auf dem Mars bei Vollmond nur ungefähr so hell vorkäme wie die Venus an unserem Nachthimmel. Die Wissenschaftler sind sich bei beiden Monden nicht sicher, ob es sich um eingefangene Asteroiden handelt oder um echte Monde. Phobos wird durch die Schwerkraft des Mars bei jeder Umrundung näher an den Planeten herangezogen (alle hundert Jahre etwa 1,8 Meter). In vielen Jahrtausenden wird Phobos wahrscheinlich auf dem Mars einschlagen oder über der Oberfläche zerspringen und einen Ring bilden. Das könnte sich für eine zukünftige Mars-Kolonie als Problem erweisen!

Da die Schwerkraft auf dem Mars geringer ist, könnte man dort viel besser herumspringen als auf der Erde. Sie beträgt dort 62,5 Prozent weniger als hier – etwas, das auf der Erde 100 Kilogramm wiegt, würde sich dort nicht einmal 38 Kilo schwer anfühlen.

Der Mars ist neben der Erde der einzige Planet unseres Sonnensystems mit Polkappen aus Eis.

Uranus ist für das Auge nicht sichtbar und war
der erste Planet, der mit Hilfe eines Teleskops
entdeckt wurde. Das gelang im Jahr 1781 Sir
William Herschel, der später auch die Sa-
turn-Monde entdeckte.

Uranus ist der kleinste der vier »Riesenplaneten« (die
anderen sind Jupiter, Saturn und Neptun), seine Größe
übertrifft die der Erde aber dennoch um ein Vielfaches.
Sein Durchmesser beträgt 47 150 Kilometer, während es
bei der Erde nur 12 760 Kilometer sind.

Uranus verfügt über insgesamt 27 Monde, von
denen die meisten nach Figuren aus Shakespeares *Ein Sommernachtstraum* benannt sind.
Die fünf größten heißen Titania, Oberon,
Miranda, Ariel und Umbriel. Umbriel stammt
nicht aus einem Stück von Shakespeare,
sondern ist ein »finsterer Gnom« in einem
Gedicht von Alexander Pope.

Bisher hat nur ein Raumfahrzeug
den Uranus passiert. 1986 flog die
Voyager 2 in einer Entfernung von
81 500 Kilometern an ihm vorbei und
brachte die ersten Nahaufnahmen
vom Planeten, seinen Monden und
seinen Ringen zur Erde zurück.

Uranus braucht 84 Erdenjahre, um die Sonne einmal zu umrunden. Dabei gibt es Phasen, in denen einer der Pole direkt auf die Sonne ausgerichtet ist und 42 Jahre lang ununterbrochen im Sonnenlicht liegt. Den Rest der Zeit ist es dort dunkel.

Die arabischen Ziffern, die wir heute verwenden, wurden in Wahrheit von Mathematikern in Indien erfunden.

Die Erde dreht sich mit einer Geschwindigkeit von etwa 1650 km/h um die eigene Achse und kreist mit gut 100 000 km/h um die Sonne.

Unser Sonnensystem ist 4,56 Milliarden Jahre alt.

Der höchste Baum, der je gemessen wurde, war ein australischer Eukalyptus. Er wurde im Jahr 1872 vom Förster William Ferguson entdeckt und war 132 Meter hoch.

Methuselah, eine Langlebige Kiefer, gilt als ältester Baum der Erde und wird auf knapp 5000 Jahre geschätzt. Methuselah steht in den White Mountains in Kalifornien, doch ihr genauer Standort wird zu ihrem Schutz geheim gehalten.

Ein Regentropfen fällt maximal mit einer Geschwindigkeit von 29 km/h zu Boden.

Albert Einstein war ein großer Wissenschaftler, aber ein in jeder Hinsicht schrecklicher Ehemann. Er betrog seine Frau, machte ihre wissenschaftliche Arbeit schlecht und weigerte sich, ihr im Haushalt zu helfen. Außerdem ließ er sie einen Vertrag unterschreiben, in dem sie einwilligte, das Zimmer zu verlassen oder still zu sein, wenn er es ihr befahl.

Alle Menschen sind radioaktiv. Wer mit einem durchschnittlich großen Menschen in einem Bett schläft, ist einer Strahlung von etwa 1 Millirem ausgesetzt.

Forscher konnten Moskitos gentechnisch so verändern, dass sie nicht mehr in der Lage sind, Malaria auf den Menschen zu übertragen.

Im Jahr 2015 waren die Temperaturen im Schnitt so hoch, dass die Vereinten Nationen es noch vor dem Ende des Monats November zum wärmsten Jahr seit Beginn der Wetteraufzeichnungen erklärten.

Ameisen können ihre Körper zu Brücken verbinden. Dieses Phänomen wird von Forschern untersucht, die sich dadurch Erkenntnisse für die Robotertechnik erhoffen.

Über der Antarktis klafft ein riesiges Loch in der Ozonschicht, doch Wissenschaftler sagen, es bestehe kein Grund zur Sorge und das Loch schließe sich langsam.

Anscheinend sind wir dem Terminator einen Schritt näher gekommen: Roboter haben gelernt, Befehle von Menschen zu verweigern.

Ein »Jiffy« (englisch für »Augenblick«) ist eine reale Zeiteinheit. In der Quantenphysik steht ein Jiffy für die Zeit, die das Licht braucht, um einen Femtometer (etwa die Größe eines Nukleons oder 10^{-15} Meter) zurückzulegen. Somit beträgt ein Jiffy 3×10^{-24} Sekunden, ist aber mit den heutigen Technologien unmöglich zu messen.

In den 1990ern entwickelte ein Biotech-Unternehmen gentechnisch veränderte Bakterien, die Pflanzenrückstände nach der Ernte vernichten sollten. Doch sie wurden niemals außerhalb des Labors getestet, da man Angst hatte, sie könnten alle Pflanzen auf der Welt zerstören.

Die Wurzel aus −1 ist i.

Die erste Webcam zeigte eine Kaffeekanne im Trojan-Room-Labor der Universität in Cambridge. Die Kamera wurde installiert, damit die Mitarbeiter sehen konnten, ob in der Kanne noch Kaffee war.

Physiker haben herausgefunden, wie man Frösche mit Hilfe von Magneten zum Schweben bringen kann.

Die Stärke des Magnetfelds der Erde hat in den letzten hundert Jahren um 5 Prozent nachgelassen.

Die Computer in heutigen Autos sind leistungsstärker als das Computersystem, das das Apollo-Raumfahrzeug zum Mond steuerte.

Der Luftdruck, der konstant auf uns wirkt, entspricht dem Gewicht eines Kleinwagens, etwa einer Tonne.

Das am längsten andauernde Experiment der Welt ist das Pechtropfenexperiment. Dabei führt ein in einem Glaskrug eingeschlossener Trichter mit Pech vor, dass manche Subtanzen, die wie ein Feststoff wirken, in Wahrheit flüssig sind. Es dauert neun Jahre, bis sich ein Tropfen löst. Der letzte Tropfen fiel 2014.

Die Titanwurz ist eine Pflanze, die nur alle sieben bis zehn Jahre blüht. Die englische Bezeichnung »corpse flower« (Leichenblume) geht auf ihren speziellen Geruch zurück, der deutlich an verwesendes Fleisch erinnert.

Schleimpilze, simple Organismen, die aus einer zellosen Masse aus kriechendem, gallertartigem Protoplasma mit Zellkernen bestehen, können Aufgaben lösen.

Der höchste Berg unseres Sonnensystems, Olympus Mons, ist ein Schildvulkan ganz ähnlich denen auf Hawaii und vielen anderen Inseln im Pazifik. Er steht auf dem Mars, ist mit 21 Kilometern dreimal so hoch wie der Mount Everest und bedeckt eine Fläche von der Größe des US-Bundesstaats Arizona.

Der älteste Gewürznelkenbaum der
Welt trägt den Spitznamen Afo. Er
steht auf der indonesischen Insel
Ternate und ist zwischen 350 und
400 Jahre alt.

Die Echte Käferzikade (»Issus coleoptratus«)
hat Gelenke, die wie ineinandergreifende Zahn-
räder aufgebaut sind.

Mistkäfer orientieren sich
anhand der Milchstraße.

Die erste dokumentierte Verwendung des
englischen Wortes »scientist« (»Wissenschaftler«) fand im Jahr 1883 im Aufsatz »A Plea for
Pure Science« von H. A. Rowland aus Baltimore
(US-Bundesstaat Maryland) statt.

Die zehnjährige Grundschülerin Clara Lazen aus Kansas
City fand 2012 im Naturwissenschaftsunterricht mit Hilfe
des Gittermodells unbeabsichtigt ein neues Molekül,
Tetranitratoxycarbon.

2009 wurden 41 neue Säu-
getierarten entdeckt.

»Toxineering« ist ein neuer Zweig der Naturwissenschaften, der sich damit befasst, schmerzstillende Medikamente aus tierischen Giftstoffen zu gewinnen.

Forscher im Bristol Robotics Laboratory haben eine Methode entwickelt, Handys mit Hilfe von menschlichem Urin aufzuladen.

Der wissenschaftliche Fachbegriff für Kältekopfschmerz lautet »sphenopalatine Ganglioneuralgie«.

Deutsche Geophysiker haben aus dem Kohlenstoff in Erdnussbutter Diamanten hergestellt.

Ein Blitz ist fünfmal heißer als die Oberfläche der Sonne.

Aufgrund des hohen Protein- und Fettsäuregehaltes lässt der Verzehr von Lachs das Haar schneller und stärker wachsen.

Forscher der Universitätsklinik Heidelberg haben herausgefunden, dass es sechs Minuten dauert, bis Alkohol sich auf die menschlichen Gehirnzellen auswirkt.

Regenwasser enthält große Mengen Vitamin B_{12}.

Rund um das Kernkraftwerk in Fukushima wurden Millionen Sonnenblumen gepflanzt, um die Radioaktivität zu verringern. Die Pflanzen sind dafür bekannt, Giftstoffe aufzusaugen.

Spechte hämmern ihren Schnabel 8000–12 000-mal am Tag in Baumstämme, mit einer Kraft, die 1000-mal stärker ist als die Schwerkraft.

Spürbienen und -wespen sind darauf abgerichtet, illegale Drogen und Sprengstoff zu entdecken, und sind darin besser als ihre Hundekollegen.

Die Tomate hat mehr Gene als der Mensch.

Das Challengertief, der tiefste Bereich des Marianengrabens, ist so tief, dass man dort 29 Empire State Buildings übereinanderstapeln könnte, bevor die Meeresoberfläche erreicht wäre.

Die Existenz des Planeten Neptun wurde im 17. Jahrhundert mathematisch errechnet, und dennoch wurde er erst 1846 durch ein Teleskop gesichtet.

Wissenschaftler haben bisher etwa 173 000 giftige Arten von Lebewesen auf der Erde entdeckt.

Die Forschung geht davon aus, dass die Sonne seit ihrer Entstehung 18- bis 20-mal um die Milchstraße gekreist ist. Seit der Entstehung der Menschheit hat sie $1/250$ einer Umrundung zurückgelegt.

Benzin verfügt über eine komplexe chemische Struktur. Für gewöhnlich besteht es aus etwa 150 Kohlenstoffverbindungen, kann aber bis zu 1000 enthalten.

Der Geruch von Regen wird durch ein in der Erde lebendes Bakterium namens Actinomycetes ausgelöst.

Bevor Bill Nye als »Science Guy« Karriere machte, war er Stand-up-Comedian.

1992 gingen 29 000 Gummienten auf dem Meer verloren, und sie tauchen bis heute an unerwarteten Stellen wieder auf.

Wer seinen Körper nach dem Tod
der Wissenschaft überlässt, wird
möglicherweise als Crashtest-Dummy
eingesetzt.

Der Science-Fiction-Schriftsteller Isaac Asi-
mov starb 1992 an den Folgen einer HIV-In-
fizierung, die er sich bei einer Bluttransfusion
zugezogen hatte.

In vergangenen Zeiten
wurden Pinguine
1,50 Meter groß.

Der letzte Schrei in Sachen leistungssteigernde
Mittel im Silicon Valley sind minimale Mengen
LSD und psychoaktive Pilze. Die Konsumenten
behaupten, das mache sie produktiver, kreativer
und generell besser in allem, was sie tun.

Entweder können Alligatoren ihre Zunge nicht raus-
strecken, oder sie haben gar keine. Sicher wissen es die
Forscher nicht.

Aus Erdnussöl lässt sich Nitroglyze-
rin herstellen, ein Hauptbestandteil
von Dynamit.

Die Venus ist der einzige Planet im Sonnensystem, der sich im Uhrzeigersinn um die eigene Achse dreht.

Die Küste Alaskas macht mehr als die Hälfte der gesamten Küstenlänge der USA aus.

Der Torbogen in St. Louis, ein bekanntes Wahrzeichen der Stadt, sieht aus, als wäre er höher als breit, doch das ist eine optische Täuschung. Er ist 192 Meter hoch und 192 Meter breit.

Der Caño Cristales in Kolumbien gilt als der schönste Fluss der Welt. Das Wasser ist extrem klar, und zu bestimmten Zeiten im Jahr färbt sich das Flussbett leuchtend rot, blau und gelb.

Vor 2009 ereigneten sich in Oklahoma im Schnitt zwei Erdbeben pro Jahr. In den letzten zwei Jahren waren es zwei pro Tag. Der Grund dafür soll das Fracking sein.

1758 erhielten 274 Mottenarten wissenschaftliche Bezeichnungen.

Europäer sind im Schnitt zu 2,7 Prozent Neandertaler.

Jedes Jahr gibt es 50 000 Erdbeben
auf der Erde.

Man bräuchte 7 Milliarden Nebelpartikel, um
einen Teelöffel zu füllen.

Weltweit haben nur 2 Prozent der
Bevölkerung grüne Augen.

Die Masse der Erde beträgt
6 000 000 000 000 000 000 000 000 000 Kilogramm.

NATURWISSENSCHAFTEN

1. Wie alt ist die Erde laut wissenschaftlicher Schätzungen?
   a. 1,56 Milliarden Jahre
   b. 2,56 Milliarden Jahre
   c. 3,56 Milliarden Jahre
   d. 4,56 Milliarden Jahre

2. Welcher andere Planet unseres Sonnensystems verfügt wie die Erde über Eiskappen an den Polen?
   a. die Venus
   b. der Saturn
   c. der Mars
   d. der Pluto

3. Hibernation ist der Fachbegriff für den Winterschlaf. Wie nennt man den Sommerschlaf?
   a. Ästivation
   b. Umgekehrte Hibernation
   c. Helovation
   d. Photosynthese

4. Wer beantwortete die Frage nach seinem IQ mit den Worten: »Ich habe keine Ahnung. Leute, die mit ihrem IQ angeben, sind Idioten«?
   a. Stephen Hawking
   b. Bill Gates
   c. Albert Einstein
   d. Mark Zuckerberg

5. Welche Farbe haben die Blackboxes in Flugzeugen?
   a. schwarz
   b. blau
   c. orange
   d. rosa

6. Wie viele Münzkombinationen gibt es, die addiert einen Dollar ergeben?
   a. 193
   b. 293
   c. 493
   d. 1093

7. Wessen Theorie erklärte der Vatikan 2009 für mit der christlichen Theologie vereinbar?
   a. Albert Einstein
   b. Charles Darwin
   c. Jonas Salk
   d. Die des Dalai Lama

8. Welcher See ist mit einer Tiefe von 1620 Metern der tiefste der Erde?
   a. der Michigan-See
   b. der Titicaca-See
   c. der Baikalsee
   d. der Lake Champlain

Auflösung: 1. D; 2. C; 3. A; 4. A; 5. C; 6. B; 7. B; 8. C

GESCHICHTE

Der wohl friedlichste Territorialkonflikt zwischen zwei Staaten wird über die unbewohnte Hans-Insel ausgetragen, die sowohl Dänemark als auch Kanada für sich beanspruchen. Wenn das dänische Militär die Insel betritt, lässt es eine Flasche Schnaps da, und wenn die Kanadier dorthin kommen, tauschen sie diese gegen eine Flasche »Canadian Club«-Whisky und ein Schild mit der Aufschrift *Willkommen in Kanada* aus.

Als Indien unter britischer Herrschaft stand, versuchte die Kolonialregierung, den Bestand giftiger Kobras im Land zu dezimieren, indem sie eine Belohnung auf tote Kobras aussetzte. Die Inder erkannten, dass sie diese ganz einfach einstreichen konnten, indem sie Kobras heranzüchteten und sie dann töteten. Als die Regierung die List durchschaute, schaffte sie die Belohnung ab. Daraufhin entließen die Züchter alle Schlangen in die Freiheit, und der Kobrabestand war höher als je zuvor. So entstand der Ausdruck »Kobraeffekt« für Maßnahmen, die ein Problem letztlich schlimmer machen.

Der französische Apotheker und Seher Nostradamus sagte erfolgreich seinen eigenen Tod voraus. Er starb, einen Tag nachdem er die Prophezeiung ausgesprochen hatte.

Es gibt keinen Beweis dafür, dass die Pilgerväter tatsächlich auf dem Plymouth Rock an Land gingen. Die Thanksgiving-Tradition entstand erst Mitte des 18. Jahrhunderts, als wohlhabende Puritaner jedes Jahr zu Thanksgiving mit ihren Kindern zum Felsen kamen und ihnen die Geschichte der ersten nordamerikanischen Siedler erzählten.

Während des Zweiten Weltkrieges hatten die meisten US-amerikanischen Autos Stoßstangen aus Holz. Die Autobesitzer hatten alle Chromteile abgegeben, um etwas zu den Kriegsbemühungen beizutragen.

Der jugendliche Straftäter Willie Francis hatte das Pech, zweimal hingerichtet zu werden. Beim ersten Mal versagte der elektrische Stuhl, weil der betrunkene Henker bei der Vorbereitung etwas falsch gemacht hatte. Daraufhin brachte Francis seinen Fall vor den Obersten Gerichtshof und argumentierte, eine zweite Hinrichtung entspräche einer Doppelbestrafung. Er verlor den Prozess und wurde 1947 erfolgreich auf dem elektrischen Stuhl hingerichtet.

In Großbritannien gab es Anfang der 1990er Jahre kurzzeitig eine Leitkegel-Hotline. Diese spezielle Nummer konnten Bürger wählen, die grundlos aufgestellte Verkehrsleitkegel auf der Straße entdeckten. Die Hotline wurde nach drei Jahren eingestellt, weil kaum Anrufe eingingen.

Der ägyptische Pharao Ramses I., der Begründer einer der mächtigsten Dynastien Ägyptens, kam nicht als Prinz zur Welt. Er wurde als Erwachsener vom erbenlosen Militärbefehlshaber Horemheb adoptiert, der den Thron bestieg, nachdem der Kindkönig Tutanchamun frühzeitig verstorben war.

Hans Staininger gelangte im 16. Jahrhundert zu Berühmtheit, weil sein Bart zu den längsten der Welt zählte. Er war knapp 1,50 Meter lang und steckte meist aufgerollt in einer Tasche. Als ein Feuer in der Stadt ausbrach, stolperte Staininger über seinen Bart, brach sich das Genick und starb.

Während der Weltwirtschaftskrise in den 1930er Jahren in London hatten Männer, die sich kein Bett in einer günstigen Unterkunft leisten konnten, die Gelegenheit, für zwei Pence einen Platz auf einer Bank zu erstehen, vor die eine Wäscheleine gespannt war, so dass man sich zum Schlafen darüberhängen konnte.

Das französische Dorf Autun verklagte 1508 die örtlichen
Ratten, weil sie die Gerstenernte der Bauern auffräßen.
Als die Ratten nicht vor Gericht erschienen, überzeugte
ihr Anwalt, Barthélemy de Chasseneuz, den Richter
davon, dass jede Ratte einzeln vorgeladen werden müsse.
Natürlich tauchten die Ratten auch beim zweiten Versuch
nicht auf. Dieses Mal führte ihr Anwalt an, sie könnten
nicht kommen, weil sie angesichts der im Dorf lebenden
Katzen um ihre Sicherheit fürchteten.

Ein Mann aus New Jersey fiel im Jurastudium
durch und verklagte die Uni daraufhin, dass sie
ihn überhaupt zum Studium zugelassen hatte.

1958 warf die US Air Force aus Versehen eine Atombombe über einem Haus in South Carolina ab. Der
knapp 3,5 Tonnen schwere Atomsprengkopf fiel während
eines Testflugs aus dem Flugzeug. Zum Glück fehlte der
Bombe der Plutoniumkern, und sie tötete nur ein paar
Hühner.

Bis Anfang des 19. Jahrhunderts lebte
die größte jüdische Gemeinde der
USA in Charleston im US-Bundesstaat South Carolina.

Es gibt keinen Beweis dafür, dass Piraten
jemals »Arrrr« oder »Beim Klabautermann!«
gesagt haben.

Die Begnadigung eines Truthahns zu Thanksgiving wurde erst unter dem 41. US-Präsidenten, George H. W. Bush, zur Tradition. Er schenkte in jedem Jahr seiner Präsidentschaft einem Truthahn auf diese Weise das Leben.

Dem Iren Tom Johnson wurde eine Summe angeboten, die heute etwa 3 Millionen Dollar entsprechen würde, um den abgesetzten Napoleon aus seinem Exil auf der abgelegenen und schwerbewachten Insel St. Helena zu befreien. Johnson schlug vor, die Rettungsaktion mit einem U-Boot durchzuführen, das er selbst gebaut habe – Jahrzehnte bevor es funktionsfähige U-Boote gab.

Im viktorianischen Zeitalter bezahlte man in London Leute dafür, Hundekot aufzusammeln. Die Exkremente wurden zum Gerben von Leder verwendet. Überraschenderweise war es ein begehrter Job, da er recht gut bezahlt war.

Dean Kamen, der Erfinder des Segway, besitzt eine Insel vor der Küste Connecticuts mit dem Namen »Northern Dumpling Island«. Die Insel verfügt über eine eigene Verfassung, Flagge, Währung und sogar eine Marine (auch wenn diese aus nur einem Schiff besteht). Außerdem gibt es dort eine Nachbildung von Stonehenge. Kamen nennt sich selbst »Lord Dumpling«, obwohl die Insel nicht offiziell unabhängig von den Vereinigten Staaten ist.

Die abgelegenste Insel der Erde ist ein 50 Quadratkilometer großer Brocken aus Fels und Eis im Südatlantik, gut 1600 Kilometer von der Antarktis und über 2200 Kilometer von Südafrika entfernt. Doch als südafrikanische Behörden die Insel 1964 untersuchen ließen, fanden sie dort ein verlassenes Ruderboot und einen Satz Ruder. Obwohl einiges dafür sprach, dass zum Zeitpunkt der Landung Menschen im Boot gesessen hatten, wurden keine menschlichen Überreste gefunden, und niemand weiß, wie das Boot auf die Insel kam.

Im Mittelalter wurden BHs »Brustsäcke« genannt.

Die längste Gefängnisstrafe, die in den USA je abgesessen wurde, betrug 68 Jahre und 245 Tage. Paul Geidel war 1911 mit 17 Jahren des Mordes für schuldig befunden worden und kam mit 86 Jahren wieder frei, nachdem er sechs Jahre zuvor die Entlassung auf Bewährung abgelehnt hatte.

John Quincy Adams war der erste US-Präsident, der öffentlich in langer Hose statt in Kniebundhosen auftrat.

Die größte mittelalterliche Stadt auf dem Gebiet der heutigen USA hieß Cahokia und befand sich in der Nähe des heutigen St. Louis. Zu Blütezeiten (etwa 1100–1200) hatte sie mehr Einwohner als London. Doch ein Jahrhundert später war die Stadt größtenteils verlassen.

Oft heißt es, die alten Ägypter seien vor 4000 Jahren die Ersten gewesen, die Katzen zähmten. Doch archäologische Forschungen haben ergeben, dass Bauern in China bereits vor 5300 Jahren Katzen als Haustiere hielten.

Der Chicago River war einst voller Zwiebeln. Ein Zwiebelbauer, der auf den Rohstoffhandel umsattelte, schaffte es in den 1930er Jahren, den Zwiebelmarkt so zu manipulieren, dass Säcke mit Zwiebeln weniger Geld einbrachten, als leere Säcke an sich kosteten, was dazu führte, dass sich überall in Chicago die Zwiebeln türmten. Das Abschließen von Zwiebel-Termingeschäften ist bis heute illegal.

Der ursprüngliche Name von Liberty Island, der Insel, auf der die Freiheitsstatue steht, lautete »Bedloe's Island«.

Die Bezeichnung »Jolly Roger« für die Piratenflagge mit dem Totenschädel und den gekreuzten Knochen soll auf einen alten Spitznamen des Teufels zurückgehen – »Old Roger«. Auf früheren Piratenflaggen sieht man den Teufel oder ein Skelett, wie sie einen Speer durch ein Herz treiben.

In den 1970er Jahren fanden Geologen in der sibirischen Taiga eine russische Familie, die knapp 250 Kilometer von der nächsten Ansiedlung entfernt lebte. Es handelte sich um religiöse Fundamentalisten, die nach der Oktoberrevolution aus der Zivilisation geflohen waren und nie vom Zweiten Weltkrieg gehört hatten, da sie 40 Jahre lang völlig isoliert gelebt hatten.

Jimmy Carter behauptete 1969, bevor er US-Präsident wurde, ein UFO gesehen zu haben. Später sagte er, er glaube nicht, dass es ein außerirdisches Raumschiff gewesen sei.

Die erste Autobahn, die quer durch die USA führte, wurde nicht vom Staat erbaut, sondern von der Autoindustrie. Sie trug den Namen »Lincoln Highway« und wurde 1915 zum ersten Mal von einem Ende zum anderen befahren – die Reise war 5546 Kilometer lang und dauerte 102 Tage.

Die schnellsten Züge in Europa erreichen Geschwindigkeiten von bis zu 400 km/h. In den USA hingegen fahren die schnellsten Züge im Schnitt nur 130 km/h.

Das New Yorker Waldorf-Astoria-Hotel verfügte früher über ein eigenes Gleis in der Grand Central Station, so dass die Gäste die Stadt heimlich betreten und wieder verlassen konnten. Heute liegt das Gleis meist verwaist da, es wird nur noch benutzt, wenn der Präsident in der Stadt ist – dann dient es als Notausgang.

Franklin D. Roosevelt zog die Thanksgiving-Feierlichkei-
ten 1939 um eine Woche vor, um die Konjunktur anzu-
kurbeln. Obwohl der »Black Friday« damals noch nicht
so verbreitet war wie heute, markierte er dennoch den Beginn der Weihnachtseinkaufszeit, und Roosevelt glaubte,
er könne die Leute so dazu bringen, mehr auszugeben.
Zwei Jahre später hob der Kongress die Verschiebung
wieder auf.

Moskau verfügt über ein zweites, eventuell
aufgegebenes, aber auf jeden Fall geheimes
U-Bahn-System, das kommunistischen Funk-
tionären vorbehalten war. Die russische Regierung weigert sich, die Existenz zu bestätigen
oder zu dementieren.

1996 entdeckten Archäologen in Deutschland ein 7000
Jahre altes Massengrab mit Hinweisen auf Kannibalis-
mus. Im Grab befanden sich die Überreste von mindestens 1000 Menschen, darunter auch kleine Kinder und
alte Leute, die abgeschlachtet und verspeist wurden,
wahrscheinlich im Rahmen einer rituellen Handlung.

Als die Alliierten 1944 in der Normandie
landeten, spielte ein schottischer Soldat auf
seinem Dudelsack. Die Deutschen schossen
nicht auf ihn, weil sie dachten, er sei verrückt
geworden.

Die Gabel wurde von den alten Chinesen erfunden.

Henry Ford versuchte, im brasilianischen Dschungel eine Industriellen-Utopie aufzubauen, die er »Fordlandia« nannte. Doch die Arbeiter rebellierten, weil Ford Trinken, Rauchen und Frauen verboten hatte.

Der amputierte Arm von Stonewall Jackson, einem General des amerikanischen Bürgerkrieges, wurde getrennt vom Körper beerdigt.

Das älteste Wohnhaus von New York City steht in Queens in der Nähe des Flughafens LaGuardia. Es wurde 1654 von Familie Riker gebaut (derselben, die auch der Gefängnisinsel Rikers Island den Namen gab) und verfügt sogar über einen Familienfriedhof im Garten.

Nüshu ist eine Schrift, die im 15. Jahrhundert in China von Frauen erfunden und über Jahrhunderte von Geschlechtsgenossinnen verwendet wurde, die sich heimlich weiterbilden wollten, ohne dass ihre Männer es mitbekamen.

Zwischen 600 und 200 v. Chr. waren in China Münzen im Umlauf, die wie Messer geformt waren.

Im Jahr 1533 wurden Shaolin-Mönche zu Hilfe gerufen, um japanische Piraten abzuwehren, die die Küste Chinas angriffen.

Auf der Weltausstellung 1909 in Seattle wurde ein einen Monat altes Baby bei einer Tombola verlost, und die Historiker wissen nicht, was aus dem Kind geworden ist.

Die ersten Sklaven auf dem amerikanischen Kontinent waren Iren.

Der erste dokumentierte Vorfall, bei dem eine Person anderen Personen ihr entblößtes Hinterteil entgegenreckte, fand 66 n. Chr. statt, als ein römischer Soldat vor einer Gruppe jüdischer Pilger die Hosen herunterließ.

Als Julius Cäsar von Piraten entführt wurde, erklärte er ihnen, er sei doppelt so viel wert wie das verlangte Lösegeld.

Im Mittelalter hängten die Menschen ihre Mäntel in den Toilettenräumen auf, weil das Ammoniak aus dem Urin die Flöhe tötete.

Im alten Griechenland wurde Wein mit der dreifachen Menge Wasser gestreckt.

Pharao Tutanchamun hatte seinen persönlichen Nasenbohrer.

Anfang des 20. Jahrhunderts waren Duelle mit Wachsgeschossen ein beliebter Zeitvertreib.

In Sparta rasierten sich die Frauen am Tag der Hochzeit den Kopf, um ihren Männern den Übergang von der homosexuellen zur heterosexuellen Beziehung zu erleichtern.

Roher Tabak, wie ihn die nordamerikanischen Ureinwohner bei Ritualen verwendeten, setzt beim Rauchen psychedelische Substanzen frei.

1857 griff eine Gruppe von Mormonen und amerikanischen Ureinwohnern einen Siedlertrupp im Großen Becken in Utah an und tötete zwischen 120 und 140 Männer, Frauen und Kinder.

Der römische Kaiser Elagabal trug oft Frauenkleider und versprach Ärzten Gold dafür, eine Geschlechtsumwandlung an ihm vorzunehmen.

In Auschwitz entkamen vier KZ-Insassen, indem sie SS-Offizieren die Uniformen stahlen und in einem geklauten Nazi-Auto durch den Haupteingang des Lagers davonfuhren.

Als die Alliierten 1944 in der Normandie landeten, ließen sie Puppen an Fallschirmen auf den Strand niedergehen, um die Schützen der Deutschen von den eigentlichen Fallschirmspringern abzulenken.

Der Ausbruch des Tambora führte im Jahr 1816 zu einem ungewöhnlich kalten Sommer. Durch das schlechte Wetter kam es zu einem Choleraausbruch, der Lord Byron und das Ehepaar Shelley aus London vertrieb. Alle drei schufen in dieser Zeit legendäre literarische Werke. Der Vulkanausbruch sorgte auch dafür, dass die Sonnenuntergänge in London besonders farbenfroh waren, was den Maler William Turner zu seinen Sonnenuntergangsbildern inspirierte.

Die im Mittelalter praktizierte Bahrprobe basierte auf dem Glauben, dass der Leichnam eines Mordopfers in der Gegenwart des Mörders spontan zu bluten begänne.

Das Liebesleben des römischen Kaisers Claudius galt als ungewöhnlich, weil er nur mit Frauen schlief.

Im Ersten Weltkrieg heuerte die britische Armee 90 000 chinesische Arbeiter an, um Gräben zu graben.

1988 zahlten die Vereinigten Staaten eine Entschädigung von 61,8 Millionen Dollar an den Iran, weil sie ein Zivilflugzeug abgeschossen hatten, entschuldigten sich aber nicht für den Vorfall.

Das älteste erhaltene schriftlich fixierte Musikstück ist eine Hymne der Hurriter aus dem Jahr 1300 v. Chr.

Der erste herunterladbare Inhalt war im Jahr 1982 verfügbar.

Bei der Londoner Bierflut von 1814 ertranken acht Menschen, als alle Fässer einer Brauerei platzten und ihr Inhalt sich in die Tottenham Court Road ergoss.

In den 1950er und 1960er Jahren setzten die kanadischen Behörden einen Test namens »Obstdetektor« ein, um Homosexuelle zu überführen und sie vom öffentlichen Dienst auszuschließen.

Die Bewohner der chinesischen Stadt Liqian haben
blonde Haare und helle Haut. Historiker vermuten, dass
es sich um die Nachkommen einer unbekannten römischen Ansiedlung handelt.

Im Jahr 1337 stellte ein muslimischer
Theologe die These auf, der Mensch
stamme vom Affen ab.

Die Spitzengeschwindigkeit beim
ersten US-amerikanischen Autoren-
nen im Jahr 1895 betrug gut 11 km/h.

Der Tollund-Mann stammt aus dem 4. Jahrhundert v. Chr. und wurde auf natürliche Weise
mumifiziert. Der Körper ist so gut erhalten,
dass seine Entdecker 1950 glaubten, er sei erst
kurz zuvor ermordet worden.

Die antiken griechischen
Statuen waren einst bunt
bemalt.

Ötzi, die älteste intakte Mumie, die je gefunden wurde, hatte Tätowierungen.

Bis 1916 war es für Soldaten der britischen Armee
Pflicht, einen Oberlippenbart zu tragen.

Deutschland leistete die letzte der Reparationszahlungen für den Ersten Weltkrieg, die im Vertrag von Versailles festgelegt wurden, im Jahr 2010.

Während der Kreuzzüge kämpften Muslime und Juden Seite an Seite gegen die Christen.

Im 19. Jahrhundert behandelten Ärzte Hysterie bei Frauen durch das Herbeiführen von Orgasmen. So wurde der Vibrator erfunden.

Die Strafe für Serienmörderinnen im alten Rom lautete Vergewaltigung durch eine Giraffe.

In alten mesoamerikanischen Kulturen schliffen die Menschen glänzende Steine zu Spiegeln und hielten sie für Tore zu anderen Dimensionen.

Der 15 Jahre alte römische Kaiser Elagabal war ein großer Scherzbold. Er erfand nicht nur das Furzkissen, sondern führte seine Essensgäste auch einmal in ein Zimmer voller zahnloser Leoparden. Er wurde mit 18 Jahren ermordet.

1252 schenkte der norwegische König dem englischen Herrscher Henry III. einen Eisbären. Das Tier lebte im Tower von London und wurde an einer sehr langen Kette gehalten, damit es in der Themse Fische fangen konnte.

Das »Scherbengericht« war ein antiker demokratischer Prozess, mit dem die Bürger von Athen einmal im Jahr den lästigsten Stadtbewohner bestimmten und ihn aus dem Stadtstaat verbannten.

Im 4. Jahrhundert v. Chr. brannte der griechische Brandstifter Herostratos den Tempel der Artemis nieder, eines der sieben Weltwunder. Nach seiner Hinrichtung wurde ein Gesetz verabschiedet, das es untersagte, seinen Namen zu nennen.

Mithridates VI. von Pontos hatte panische Angst davor, vergiftet zu werden, und nahm daher sein Leben lang geringe Dosen verschiedener Gifte ein, um sich zu immunisieren. Als die Römer ihn gefangen nahmen, versuchte er, sich mit Gift umzubringen, überlebte aber aufgrund dieser Immunität.

Bei den Spartanern hatten nur zwei Gruppen von Menschen das Recht, ihren Namen auf dem Grabstein zu tragen: Frauen, die im Kindbett starben, und Soldaten, die im Kampf fielen.

Als Wilhelm der Eroberer das erste Mal britischen Boden betrat, rutschte er aus und fiel hin. Um den Vorfall zu überspielen, griff er zwei Handvoll Erde, hob die Arme und rief: »England ist unser!«

324 v. Chr. hielt Alexander der Große zu Ehren des verstorbenen Inders Brahman Calanus ein Wetttrinken ab, bei dem sich 42 seiner Soldaten zu Tode soffen.

Purpur galt lange als Königsfarbe, weil es so selten war. Vor der Erfindung künstlicher Farbstoffe konnte es nur aus Meeresschnecken gewonnen werden – ein extrem mühseliges Unterfangen.

1982 erklärte Key West kurzzeitig seine Unabhängigkeit von den USA.

Im Viktorianischen Zeitalter wurde die Post in London zwölfmal am Tag zugestellt.

Im antiken Rom wurden Togen mit Ammoniak aus menschlichem Urin gewaschen – eine Vorform der modernen chemischen Reinigung. Die Urinsammler mussten für ihre Tätigkeit Steuern entrichten.

Während der Zeit des Schwarzen Todes wurden einlaufende Schiffe gezwungen, bis zu 40 Tage zu warten, um mögliche Infektionen zu verhindern. Aus dem italienischen Wort für 40, *quaranta*, hat sich der Begriff »Quarantäne« entwickelt.

Der erste Afroamerikaner, der den Friedensnobelpreis erhielt, war Ralph Bunche, der ihn 1950 für seine Vermittlertätigkeit in Israel bekam. Außerdem war er an der Gründung der Vereinten Nationen beteiligt.

Schloss Windsor ist das am längsten bewohnte Schloss in Europa, seit dem 11. Jahrhundert lebt dort jemand. Während des Zweiten Weltkrieges nächtigte die Königsfamilie im Schloss, doch das wurde geheim gehalten in der Hoffnung, so ein Bombardement durch die Nazis zu verhindern.

Am 5. Mai 1868, drei Jahre nach dem Ende des amerikanischen Bürgerkrieges, führte der Vorsitzende einer Veteranenorganisation aus den Nordstaaten – der »Grand Army of the Republic« – den »Decoration Day« ein, an dem die Gräber der Gefallenen mit Blumen geschmückt wurden. Auch die konföderierten Staaten schufen eigene Tage, an denen man der Verstorbenen gedachte, bis im 20. Jahrhundert alle Gedenktage zum Memorial Day zusammengeführt wurden.

Benito Mussolini sagte einst: »In Italien gibt es keinen Antisemitismus ... Italiener jüdischer Herkunft haben sich als gute Bürger erwiesen und tapfer im Krieg gekämpft. Viele von ihnen haben Führungspositionen in Universitäten, der Armee und bei Banken inne.« Später revidierte er seine Aussage, um sich bei Adolf Hitler und Nazi-Deutschland einzuschmeicheln.

Der turkmenische Präsident Saparmurat »Turkmenbaschi« Nijasow, der von 1985 bis 2006 regierte, verbot Autoradios, Playback-Singen, Videospiele, die Oper und lange Bärte. Zudem taufte er den Monat Januar im turkmenischen Kalender auf seinen eigenen Namen um. 2005 schoss er ein Exemplar seines Buches ins All. Die staatliche Zeitung *Neitralny Turkmenistan* berichtete: »Das Buch, das die Herzen von Millionen Menschen auf Erden eroberte, erobert nun den Weltraum.«

Der haitianische Diktator François »Papa Doc« Duvalier änderte das Vaterunser so ab, dass es von ihm handelte. Die Version, die Kinder in Schulen rezitieren mussten, begann mit den Worten: »Doc unser, der du für immer bist im Nationalpalast, geheiligt werde dein Name von jetzigen und zukünftigen Generationen. Dein Wille geschehe, in Port-au-Prince wie in den Provinzen. Unser neues Haiti gib uns heute, und vergib nicht die Schuld der Anti-Patrioten, die täglich auf unser Land spucken ...«

Bevor Bashar al-Assad der brutale Diktator von Syrien wurde, war er zugelassener Augenarzt und arbeitete in einer Klinik in London. Erst nachdem sein Bruder, der designierte Nachfolger seines herrschenden Vaters, bei einem Autounfall ums Leben gekommen war, wurde er in seine jetzige Rolle gedrängt.

Der rumänische Diktator Nicolae Ceaușescu hatte derart paranoide Angst davor, seine Kleidung könne vergiftet werden, dass er seine Anzüge von bewaffneten Kräften bewachen ließ und keinen von ihnen zweimal anzog.

Josef Stalin kam als Jossif Wissarionowitsch Dschugaschwili zur Welt. Er änderte seinen Namen zu Stalin, als er in den Dreißigern war. *Stalin* ist russisch für »der Stählerne« oder »Mann aus Stahl«, was bedeutet, dass Stalin – bewusst oder unbewusst – bei Superman abgekupfert hat.

Kanada flirtete während der Nazi-Zeit kurz mit dem Nationalsozialismus, eine Episode, die hauptsächlich Adrien Arcand zugeschrieben wird – dem sogenannten Führer Kanadas. Premierminister William Lyon Mackenzie King äußerte sich wohlwollend über Adolf Hitler, nachdem er ihn Ende der 1930er Jahre getroffen hatte, woraufhin Arcand, der damals Journalist in Montreal war, sich zum Vorsitzenden der faschistischen kanadischen Partei »Nationale Einheit« erklärte. Seine Kundgebungen zogen Tausende Menschen an, bis der Krieg ausbrach und Arcand ins Gefängnis kam. Nach seiner Freilassung blieb er dem Faschismus bis zu seinem Tod 1967 treu.

Der Spitzname des US-Präsidenten Harry S. Truman für Stalin lautete »little squirt« (kleiner Knirps). Das war durchaus zutreffend – Stalin war nur 1,65 Meter groß.

Von Stalin soll das folgende Zitat stammen:
»Der Tod eines Mannes ist eine Tragödie,
der Tod von Millionen nur eine Statistik.« In
Stalins Regierungszeit sollen zwischen 3 und
60 Millionen Russen gestorben sein, sie sind
verhungert, wurden hingerichtet oder haben
sich in den Gulags zu Tode gearbeitet.

Abraham Lincoln war der erste US-Präsident,
der einen Truthahn begnadigte. Als 1863 ein
lebender Vogel ins Haus gebracht wurde, der
an Weihnachten serviert werden sollte, bat Lin-
colns Sohn Tad, das Tier zu verschonen, und
Lincoln willigte ein.

George Washington war der einzige
US-Präsident, der nicht im Weißen
Haus wohnte, obwohl er den Standort für das historische Gebäude
auswählte und die Architektenpläne
genehmigte.

John Adams war der erste US-Präsident, der im Weißen Haus lebte, er
zog am 1. November 1800 dort ein.

Die moderne amerikanische Flagge mit den 50 Sternen, die wir heute kennen, wurde 1958 vom 17-jährigen Highschool-Schüler Robert G. Heft im Rahmen eines Schulprojekts gestaltet. Heft bekam eine 2– für seinen Entwurf, doch der Lehrer ließ sich zu einer Änderung der Note überreden, als der Kongress die Gestaltung übernahm. Obwohl Heft meist als Schöpfer der Flagge gilt, wurden zu jener Zeit mehrere identische Vorschläge eingereicht. Die Flagge wurde überarbeitet, weil Hawaii und Alaska zu den Vereinigten Staaten stießen.

Den ersten weißen Anstrich erhielt das Weiße Haus erst 1818. Vorher hatte die Lauge, die verwendet worden war, um die Steinfassade wetterfest zu machen, dem Gebäude seine charakteristische Färbung verliehen.

Das Weiße Haus wurde von Sklaven, freien Schwarzen, örtlichen Handwerkern und kurz zuvor in den USA eingetroffenen europäischen Einwanderern, die Arbeit suchten, errichtet. Der Bau begann 1792 und war 1800 abgeschlossen.

Der erste US-Präsident, den der Secret Service rund um die Uhr bewachte, war Theodore Roosevelt. Er beschrieb seine Schutzeinheit 1906 in einem Brief als einen »sehr kleinen, aber sehr notwendigen Dorn im Fleisch«.

Während des Zweiten Weltkrieges erwogen die USA, Napalmbomben an Fledermäusen zu befestigen und diese über Japan freizulassen, entschieden sich letzten Endes aber dagegen.

Der mexikanische General Antonio López de Santa Anna musste sich ein Bein abnehmen lassen, nachdem er von einem Kanonenschuss getroffen worden war. Er richtete dem Bein eine offizielle Beerdigung mit militärischen Ehren aus.

Eigentlich sollte 1863 der erste Absolvent der New Mexico State University, der einzige Vertreter seines Jahrgangs, sein Abschlusszeugnis erhalten, doch er kam bei einem Schusswechsel vor der Zeremonie ums Leben.

Saddam Hussein erhielt 1980 einen Schlüssel der Stadt Detroit.

Im Weißen Haus gibt es seit 1891 elektrischen Strom, doch Präsident Benjamin Harrison und seine Frau Caroline weigerten sich, die Lichtschalter zu betätigen, aus Angst einen Stromschlag zu bekommen.

Es wird weithin angenommen, dass die alten Perser wichtige Angelegenheiten zweimal debattierten, einmal betrunken und einmal nüchtern. Nur Vorschläge, die in beiden Zuständen plausibel klangen, wurden akzeptiert.

Der längste Krieg der Geschichte war der 335 Jahre andauernde Krieg zwischen Sizilien und den Niederlanden. Er endete 1986 mit einem Friedensabkommen und war ein vollkommen unblutiger Konflikt, der null Todesopfer gefordert hatte.

Der kürzeste Krieg der Geschichte dauerte 38 Minuten – der Britisch-Sansibarische Krieg im Jahr 1896.

Albert Einstein hätte im Jahr 1952 der zweite Präsident von Israel werden können. Er sagte: »Meine Beziehung zum jüdischen Volk ist zu meiner stärksten menschlichen Bindung geworden, seitdem ich mir unserer prekären Situation unter den Nationen der Welt voll bewusstgeworden bin«, lehnte das Angebot aber letztlich ab, weil er nicht glaubte, über die nötigen zwischenmenschlichen Fähigkeiten zu verfügen.

Der Bau der ersten Atomwaffe trug in der US Army den Codenamen »Manhattan-Projekt«. Die ersten beiden Bomben hießen »Fat Man« und »Little Boy«.

Karl Marx war in den 1850er Jahren Europakorrespondent der *New-York Daily Tribune.*

Viele Mitarbeiter der US-Regierung hielten Albert Einstein für einen sowjetischen Spion. Sie ließen sein Telefon abhören, lasen seine Briefe und hatten sogar das Haus seines Neffen verwanzt. Der Grund dafür waren Einsteins kontroverse politische Ansichten – er war unter anderem ein Verfechter der universellen Menschenrechte und der nuklearen Abrüstung. In der FBI-Akte zu Einstein findet sich sogar der Eintrag, er sei radikaler »als Stalin selbst«. Bis heute sind nie Belege dafür aufgetaucht, dass Einstein ein Spion gewesen sein könnte.

Kim Jong Il schrieb sechs Opern. Außerdem verfasste er ein Buch über diese Kunstform mit dem Titel *Über die Kunst der Oper: Gespräche mit kreativen Arbeitern im Bereich Kunst und Literatur, 4.–6. September 1974.*

1978 ließ Kim Jong Il zwei berühmte südkoreanische Filmemacher entführen und zwang sie, nordkoreanische Propagandafilme zu drehen. Die beiden wurden gezwungen, erneut zu heiraten (sie waren bereits zuvor miteinander verheiratet gewesen und hatten sich scheiden lassen) und an Kims persönlichen Filmprojekten mitzuwirken. Sie entkamen, indem sie 1986 in die US-amerikanische Botschaft in Wien flüchteten. Dorthin waren sie in Kims Auftrag gereist, um Werbung für einen nordkoreanischen Film zu machen, den sie hatten drehen müssen.

Kim Jong Il hatte Flugangst und ließ sich einen gepanzerten Zug bauen. In genau diesem Zug starb er im Dezember 2011 eines natürlichen Todes.

Der B-29-Bomber, der die erste Atombombe über Hiroshima abwarf, trug den Spitznamen *Enola Gay*. Der Flieger, der die Bombe über Nagasaki abwarf, wurde *Bockscar* genannt.

Als der amerikanische Bürgerkrieg begann, besaß der Anführer der konföderierten Armee, Robert E. Lee, keine Sklaven, der Nordstaaten-General Ulysses S. Grant hingegen schon. Grant ließ seine Leibeigenen erst frei, als die Sklaverei offiziell verboten wurde. Auf die Frage, warum er seine Sklaven nicht früher entlassen habe, antwortete er: »Es ist heutzutage äußerst schwierig, an gute Arbeitskräfte zu kommen.« Lee schrieb am 27. Dezember 1856 in einem Brief an seine Frau: »Die Sklaverei als Institution ist in jedem Land ein moralisches und politisches Übel.«

Es wird weithin angenommen, dass die erste Bombe, die die Alliierten im Zweiten Weltkrieg über Berlin abwarfen, den einzigen Elefanten im Berliner Zoo tötete.

Während des Zweiten Weltkrieges versuchten US-amerikanische Sittenwächter, alles »Deutsche« aus dem Alltag zu verbannen. Die Röteln, die auf Englisch »German measles« hießen, wurden nun »liberty measles« (Freiheitsmasern) genannt, Sauerkraut »Freiheitskraut« und Dackel »Freiheitshunde«, ähnlich wie die oft zitierten »Freedom fries« vor einigen Jahren, die ihren Namen aus Protest gegen die mangelnde Unterstützung Frankreichs im Irakkrieg erhielten.

Das isländische Parlament – das Althing – ist das älteste aktive Parlament der Welt. Gegründet wurde es im Jahr 930.

Archäologen haben die Ruinen einer militärischen Festung ausgegraben, von der aus der Tempelberg in Jerusalem verteidigt wurde. Die Überreste wurden unter einem Parkplatz gefunden.

Der größte Feind des IS könnte ein marxistisch-feminis-
tisches Kollektiv kurdischer Rebellinnen in Syrien sein.
Die »Frauenverteidigungseinheit« (YPJ) ist eine Freiwilli-
genarmee aus Frauen, die an der Seite ihres männlichen
Pendants kämpft. Viele IS-Kämpfer glauben, dass sie
nicht in den Himmel kommen, wenn sie von einer Frau
getötet werden, was die YPJ zu einer besonders furcht-
einflößenden Kampfeinheit macht.

An der University of Virginia fanden
Handwerker bei Renovierungsarbei-
ten ein verborgenes Chemielabor, das
aus den 1840er Jahren stammt.

Taucher haben vor kurzem auf dem Grund des
Mittelmeeres einen 10 000 Jahre alten Kalk-
steinmonolithen entdeckt, der wie die Steine
in Stonehenge bearbeitet ist. Urheber dessen
soll ein Volk sein, das in der Mittelsteinzeit auf
mittlerweile untergegangenen Inseln zwischen
Tunesien und Sizilien lebte.

In Griechenland haben Archäologen
eine alte Metzgerei gefunden, die
500 000 Jahre alt sein soll. Es gibt
Hinweise darauf, dass frühe Homi-
niden dort Elefanten geschlachtet und
zerlegt haben.

Die ersten Gespräche, die je geführt wurden, handelten vermutlich von Steinen. Genauer gesagt davon, wie man aus Steinen Werkzeuge macht.

Das älteste Gerät zur Zeitbestimmung ist eine Art Sonnenuhr, die in Ägypten entdeckt wurde und aus dem Zeit um 1500 v. Chr. stammen soll. Sie besteht aus einem gekrümmten T, das nach der Mittagsstunde umgedreht werden musste.

Die sterblichen Überreste des englischen Königs Richard III. wurden 2013 unter einem Parkplatz in Leicester gefunden. Der König kam 1485 bei einer Schlacht ums Leben.

»The Acting Witan of Mercia« ist eine politische Organisation in England, die behauptet, dass der britische Staat die Region Mercia unrechtmäßig für sich beansprucht. Deshalb hat sie eine eigene Verfassung und eine eigene Währung eingeführt.

1919 kam es in Boston zur Großen Melasseflut, bei der 21 Menschen starben, nachdem ein Tank mit 8,7 Millionen Litern Melasse geborsten war.

Der Stacheldraht wurde 1845 erfunden und trug entscheidend dazu bei, dass die Cowboys ihre Arbeit verloren, weil er es ermöglichte, Tiere auf einfache und günstige Weise einzuzäunen.

Horace Fletcher war ein viktorianischer Ernährungswissenschaftler, der den Beinamen »der große Kauer« erhielt. Er empfahl, jeden Bissen 100-mal zu kauen.

Moulay Ismaïl, der im 17. Jahrhundert über Marokko herrschte, soll 867 Kinder gezeugt haben: 525 Söhne und 342 Töchter.

Leonard Jones kandidierte im 19. Jahrhundert mehrmals für das Amt des US-Präsidenten. Sein Programm bestand einzig und allein aus der Behauptung, dass er ewig leben würde. Er starb 1868 an einer Lungenentzündung, weil er jegliche medizinische Behandlung verweigerte.

Zu den unangenehmeren Tätigkeiten in den 1930er Jahren gehörte das Testen von Sicherheitsglas – Glas, das springt, aber nicht in Splitter zerfällt. Der Test bestand darin, jemanden mit dem Kopf gegen die Scheibe laufen zu lassen.

Ein Statistiker hat die Wahrscheinlichkeit errechnet, dass es sich bei Michail Gorbatschow um den Antichrist handelt – sie liegt bei 710 609 175 188 282 000 zu 1.

Der Dundee-Happy Hollow Historic District ist ein Bezirk in Omaha im US-Bundesstaat Nebraska, der im Zweiten Weltkrieg von den Japanern mit Brandbomben angegriffen wurde. Es gab keine Verletzten, und die Medien berichteten nicht über die Sache, um eine Panik zu vermeiden.

Der Auslöser einer ein Jahrzehnt andauernden diplomatischen Verstimmung waren Heringsfürze. Die schwedische Marine glaubte, die Sowjets hätten U-Boote in ihre Gewässer geschickt, doch was sie hörten, waren nur die Blähungen der Fische.

Italien bezieht bei der Berechnung des BIP auch Einnahmen aus Prostitution, Schmuggel und illegalem Drogenhandel mit ein.

Die Polizei in Weißrussland hat einmal einen Einarmigen wegen Klatschens festgenommen.

2012 veröffentlichte der Rechnungshof der USA einen Bericht mit dem Titel »Notwendige Maßnahmen zur Evaluation der Auswirkungen von Bemühungen zur Einschätzung der Kosten von Berichten und Studien«, also einen Bericht über einen Bericht über Berichte.

Die erste US-amerikanische Stadt, die ausschließlich von elektrischen Straßenlaternen beleuchtet wurde, war Wabash im Bundesstaat Indiana im Jahr 1880. Der Ort hatte damals 320 Einwohner.

Als das Unternehmen Milton-Bradley 1966 *Twister* herausbrachte – das erste Spiel, das Körperteile als Spielfiguren einsetzte –, wurde das Produkt abfällig als »Sex im Karton« bezeichnet.

Der Große Brand von London im Jahr 1666 zerstörte 13 000 Häuser und machte 70 000 Menschen obdachlos, forderte aber nur acht Todesopfer.

Das Konzept der Null wurde zum ersten Mal irgendwann zwischen dem 5. und dem 7. Jahrhundert von Mathematikern im heutigen Indien entwickelt.

Zu Beginn des Ersten Weltkrieges verfügte die US Air Force über 12 Flugzeuge und 18 Piloten, die sie fliegen konnten.

König George I. von Großbritannien kam im deutschen Hannover zur Welt.

Lord Byron besuchte das Trinity College, wo er einen zahmen Bären in seinem Zimmer hielt.

Der spätere US-Präsident Ronald Reagan arbeitete als Jugendlicher sieben Sommer lang als Rettungsschwimmer und soll in dieser Zeit 77 Leuten das Leben gerettet haben.

1929 schlossen zwei Wissenschaftler in Princeton eine Katze an die Telefonleitung an, um das Tier in ein lebendes Telefon zu verwandeln.

Auch wenn es Zweifel an der Wahrheit dieser Geschichte gibt, glauben viele Historiker, dass sich die türkische Armee 1788 in der Schlacht um Karánsebes während des russisch-österreichischen Türkenkrieges selbst angegriffen und dabei 10 000 ihrer eigenen Soldaten getötet hat.

Seit 1945 verfügen alle britischen Panzer über einen eingebauten Teekessel.

Das Unternehmen Warner Bros. Entertainment wurde drei Monate vor dem Untergang des Osmanischen Reiches gegründet.

Violet Jessop, die als Stewardess auf Ozeandampfern arbeitete, war bei drei der größten Schiffsunglücke der Welt an Bord: der *Titanic*, der *Britannic* und der *Olympic*.

In China war es 1911 verboten, sich das Haar zum Zopf zu flechten, da diese Frisur an die Feudalgeschichte des Landes erinnerte.

Dschingis Khan tötete über 40 Millionen Menschen, was zu seinen Lebzeiten einem Sechstel der Erdbevölkerung entsprach.

Nur vier US-Präsidenten waren Einzelkinder: Bill Clinton, Franklin D. Roosevelt, Gerald Ford und Barack Obama. Sie alle hatten jedoch Halbgeschwister.

Zu Zeiten der Aufklärung glaubten die An-
hänger der Kranioskopie, dass die Form des
menschlichen Schädels Rückschlüsse auf die
Funktionsweise des Gehirns zuließe. Anfang
des 19. Jahrhunderts wurden die Schädel der
Wiener Komponisten Beethoven, Haydn, Mozart und Schubert exhumiert, um die Existenz
eines »Musikhöckers« nachzuweisen, der
angeblich bei genialen Komponisten vorhanden
sei.

Erste Hinweise auf seltsame Vorkommnisse im Bermu-
dadreieck finden sich im Bericht von Christoph Kolumbus am 8. Oktober 1492. Der Entdecker schrieb darin,
dass der Kompass seines Schiffes zeitweilig nicht mehr
funktionierte. Drei Tage später sahen Kolumbus und
seine Mannschaft ein geheimnisvolles Licht in der Ferne,
was zu einer Panik auf Deck und dadurch fast zu einer
Meuterei führte.

Der US-Präsident Martin Van Buren
kam im Gasthof seiner Eltern zur
Welt.

1883 stolperte eine Frau auf der Brooklyn
Bridge. Die Umstehenden glaubten, die Brücke
breche zusammen, und suchten panisch das
Weite – dabei wurden zwölf Menschen zu Tode
getrampelt.

Die Mongolen feierten einst einen Sieg über die Russen, indem sie eine Bühne auf den Überlebenden errichteten und sie mittels des oben stattfindenden Festes zu Tode quetschten.

Im Viktorianischen Zeitalter wurden Tränen in Flaschen gesammelt, die über einen speziellen Korken verfügten, der das Wasser verdunsten ließ. Wenn die Tränen verschwunden waren, galt die Trauerzeit als beendet.

Im Mittelalter gab es den rechtlichen Status »Verbrüderung«, der es zwei Männern zugestand, gemeinsam zu wohnen, ihre finanziellen Mittel zusammenzulegen und praktisch wie ein verheiratetes Paar zu leben.

»Bostoner Ehe« war ein viktorianischer Ausdruck für Frauen, die ohne finanzielle Unterstützung durch Männer zusammenlebten. Er bezeichnete eine platonische Freundschaft, war aber auch ein Euphemismus für lesbische Paare.

Im Erdmittelalter jagten die Menschen große, gürteltierähnliche Tiere und wohnten in deren Panzern.

Der bestbezahlte Sportler aller Zeiten war der römische Wagenlenker Gaius Appuleius Diocles, der eine Summe verdiente, die heute 15 Milliarden Dollar entspräche.

Es gibt so wenige archäologische Funde und schriftliche Aufzeichnungen aus der Zeit zwischen 614 und 911 n. Chr., dass die Verfechter der Phantomzeit-Theorie behaupten, diese Jahre hätte es gar nicht gegeben und wir befänden uns gegenwärtig im 18. Jahrhundert.

Als die Pyramiden von Gizeh erbaut wurden, lebten in Sibirien noch vereinzelte Mammutherden.

1923 waren die deutschen Geldscheine so wertlos, dass es zum Trend wurde, damit Wände zu tapezieren.

Der Philosoph Tycho Brahe besaß einen Elch, der starb, nachdem er betrunken die Treppe hinuntergefallen war.

Auf der Insel Tangier vor der Küste des US-Bundesstaates Virginia sprechen die Bewohner heute noch wie die Siedler im 17. Jahrhundert. Ihr Dialekt ist damit laut vielen Historikern unter allen lebenden Sprachen am engsten mit der Sprache Shakespeares verwandt.

1450 tötete ein großes
Wolfsrudel in Paris
40 Menschen.

Die syrische Stadt Damaskus gilt weithin als
die am längsten durchgehend bewohnte Stadt
der Welt. Es gibt Hinweise darauf, dass dort
schon 9000 v. Chr. Menschen lebten.

Bir Tawil ist die einzige bewohnbare Landfläche auf der
Erde, auf die kein Staat Anspruch erhebt. Es handelt sich
um ein etwa 2000 Quadratkilometer großes, unbewohn-
tes Stück Wüste zwischen dem Sudan und Ägypten,
durch das nomadische Stämme ziehen, die sich keiner
der beiden Nationen zugehörig fühlen. Ein Mann aus
Virginia versuchte, das Landstück für sich zu beanspruchen, damit er seine Tochter ganz legitim eine Prinzessin
nennen könnte, doch dieser Anspruch wird von den Vereinten Nationen nicht anerkannt. Der staatenlose Status
des Gebiets ist eine Folge komplexer Grenzstreitigkeiten.

Richard Milhous Nixon und William Jefferson
Clinton sind die einzigen beiden US-Präsidenten, deren Namen das Wort »criminal« (Verbre-
cher) beinhalten.

Die Stadt St. Paul in Minnesota hieß
ursprünglich »Pig's Eye« (Schweins-
auge).

Maine ist der einzige US-Bundesstaat mit einem einsilbigen Namen.

Bei Männerhemden befindet sich die Knopfleiste auf der rechten Seite, bei Frauenblusen hingegen auf der linken. Historiker führen das darauf zurück, dass die Damen aus der Oberschicht früher so aufwendige Kleidung trugen, dass sie sich von anderen anziehen lassen mussten und die Knöpfe daher »spiegelverkehrt« angebracht waren.

Die Abkürzung »OMG« für den Ausruf »Oh my God« findet sich, soweit bekannt, zum ersten Mal in einem Brief an Winston Churchill aus dem Jahr 1917.

In 43 US-Bundesstaaten ist es zulässig, ehemalige Häftlinge auf Zahlung der Kosten für ihre Haft zu verklagen.

Das Gesetz, das Kinder in den USA zum Schulbesuch verpflichtet, heißt »Old Deluder Satan Act« – »Alter-Schwindler-Satan-Gesetz«. Es wurde 1642 in der Massachusetts Bay Colony verabschiedet.

Auf North Sentinel Island im Golf von Bengalen lebt ein Stamm von Ureinwohnern, der sich erfolgreich jeglichem Kontakt mit der Außenwelt verweigert.

Die Gräfin Elisabeth Báthory gilt als schlimmste Serien-
mörderin aller Zeiten. Es heißt, sie habe um die Jahrhundertwende zum 17. Jahrhundert mit Hilfe von Dienst-
boten etwa 80 junge Mädchen auf grauenvolle Weise
ermordet. Als Mitglied des ungarischen Adels blieb ihr
die Todesstrafe erspart. Ihre letzten Jahre verbrachte sie
in einer zugemauerten Kammer, die nur über schmale
Schlitze für Frischluft und Nahrung verfügte.

Obwohl das One World Trade Center
das höchste Gebäude von New York
City ist, ist das größte Gebäude der
Stadt, wenn man nach der Grund-
fläche geht, ein unscheinbares
Bürogebäude mit der Adresse Water
Street 55.

Der Philosoph René Descartes ist am bekanntesten für seine Aussage »Ich denke, also bin
ich«, doch er entwickelte auch das Koordinaten-
system mit der x- und der y-Achse.

GESCHICHTE

1. Wie hieß Liberty Island, bevor die Freiheitsstatue dort aufgestellt wurde?
   a. Hamilton Island
   b. Wards Island
   c. North Brother Island
   d. Bedloe's Island

2. Welcher US-Präsident zog als Erster ins Weiße Haus ein?
   a. George Washington
   b. Benjamin Franklin
   c. Abraham Lincoln
   d. John Adams

3. Wie wurden BHs im Mittelalter genannt?
   a. Vorderbeutel
   b. Brustsäcke
   c. Busenwächter
   d. Oberkissen

4. Welcher Afroamerikaner erhielt als Erster den Friedensnobelpreis?
   a. Martin Luther King jr.
   b. Ralph Bunche
   c. Barack Obama
   d. Rosa Parks

5. Für welche Zeitung war Karl Marx als Korrespondent tätig?
   a. New-York Daily Tribune
   b. Chicago Sun-Times
   c. Londoner Times
   d. Spiegel

6. Von wem stammt das Zitat »Der Tod eines Mannes ist eine Tragödie, der Tod von Millionen nur eine Statistik«?
   a. Adolf Hitler
   b. Josef Stalin
   c. Benito Mussolini
   d. Pol Pot

KUNST & LITERATUR

Die moderne Kunst ist ein Machwerk der CIA – der Geheimdienst finanzierte in den 1950er und 1960er Jahren im Rahmen des Kulturkrieges gegen die Sowjetunion abstrakte Künstler aus den USA, um so die kreative und intellektuelle Freiheit Amerikas unter Beweis zu stellen.

Der französische Dramatiker Antonin Artaud klammerte sich im Sterben an einen Schuh.

Ein chinesischer Milliardär bezahlte ein 170 Millionen Dollar teures Gemälde von Amedeo Modigliani mit seiner American-Express-Kreditkarte, damit er die gesammelten Punkte gegen Bonusmeilen eintauschen konnte.

Charles Dickens ließ Buchbinder eine Reihe von falschen Büchern für seine Bibliothek anfertigen. Darunter waren Titel wie *Schläfrige Erinnerungen an nichts* (3 Bände), *Hansards Ratgeber für erholsamen Schlaf* (so viele Bände wie möglich) und *Bowwowdom: Ein Gedicht.*

Nach dem Tod von Charles Dickens' Lieblingskatze machte er aus einer ihrer Pfoten einen Brieföffner.

Der Schimpanse Congo war in den 1950er Jahren ein bekannter abstrakter Maler, der Bilder an berühmte Künstler wie Pablo Picasso und Salvador Dalí verkaufte. 2005 erzielte eines seiner Gemälde bei einer Auktion fast 26 000 Dollar.

Bevor Aeneas Sylvius Piccolomini Papst Pius II. wurde, schrieb er einen gefragten erotischen Roman mit dem Titel *Eine Geschichte zweier Liebender*. Das Buch zählte zu den auflagenstärksten Werken des 15. Jahrhunderts.

Als Jugendliche schrieben Charlotte Brontë und ihr Bruder Branwell Abenteuergeschichten in Bücher, die zweieinhalb mal fünf Zentimeter groß waren.

An der Küste Kroatiens gibt es eine Promenade, die so gebaut ist, dass sie Orgelklänge von sich gibt, wenn die Wellen gegen sie strömen.

Eines der kleinsten Museen in New York City befindet sich in einem Lastenaufzug. Es enthält größtenteils Alltagsgegenstände, die leicht übersehen werden, und zu den bekanntesten Objekten gehört der Schuh, der in Bagdad im Palast des Premierministers auf George W. Bush geworfen wurde.

Das englische Kunstmuseum Tate Modern kaufte acht
Millionen Skulpturen von Ai Weiwei, lauter handgefertigte Sonnenblumenkerne aus Porzellan. Obwohl jeder
einzelne nur so groß ist wie ein Fingernagel, wiegen sie
zusammen zehn Tonnen. Und doch handelt es sich nur
um ein Zehntel der 100 Millionen Kerne, die Ai für die
ursprüngliche Installation geschaffen hatte.

Vincent van Gogh hat sich vermutlich nicht
selbst das Ohr abgeschnitten. Es gilt als wahrscheinlich, dass sein enger Freund und Malerkollege Paul Gauguin es ihm im Streit mit
einem Schwert abschlug und dass van Gogh die
Geschichte, er habe es sich selbst abgeschnitten, nur erfand, um Gauguin zu schützen.
Nach dem Vorfall sahen die beiden einander
nie wieder.

Die ersten Posaunen wurden »Sackbuts« genannt,
abgeleitet von den französischen Wörtern *saquer*
und *bouter*, »ziehen« und
»drücken«.

Der Horror-Schriftsteller Stephen
King schläft mit eingeschaltetem
Licht.

Das englische Wort »preposterous«, das heute so viel wie »lächerlich« oder »absurd« bedeutet, beschrieb einst mythologische Wesen mit Köpfen an beiden Körperenden. »Pre« heißt »vorn« und »post« »hinten«.

Tennessee Williams, ein schlimmer Hypochonder, erstickte an der Plastikkappe eines Nasensprays.

Klaviere bestehen aus über 12 000 Teilen.

Es gibt Musik extra für Katzen. Da sich der Musikgeschmack der Tiere anscheinend schon kurz nach der Geburt entwickelt, enthält Katzenmusik nicht nur die Klänge traditioneller (menschengemachter) Instrumente, sondern auch Füttergeräusche, Vogelgezwitscher und Schnurrlaute.

Beim Geigespielen verbrennt man etwa 170 Kalorien pro Stunde.

Vor der industriellen Revolution gehörten Orgeln zu den komplexesten Maschinen, die es gab. Die größte Orgel verfügt über 33 114 Pfeifen, wiegt gut 135 Tonnen und steht in Atlantic City. Ihr Bau dauerte drei Jahre und wurde 1932 abgeschlossen, doch leider ist sie heute nicht mehr spielbar.

Der »Soul Patch« – ein schmaler Streifen Bart direkt unter der Unterlippe – wird im Englischen auch »Dizzy-Gillespie-Bart« oder »Jazz-Tupfer« genannt, weil er vor allem unter Jazz- und Bluesmusikern verbreitet war.

Auf den meisten mittelalterlichen Gemälden sehen Babys aus wie kleine Erwachsene. Die überwältigende Mehrheit stellt Jesus oder andere Kinder aus der Bibel dar, und damals glaubte man, Jesus sei bereits in seiner endgültigen, perfekten Gestalt zur Welt gekommen und habe sich nicht mehr verändert – er sei nur noch gewachsen. Erst in der Renaissance werden die Babys niedlicher und kindlicher, als Privatpersonen begannen, Porträts ihrer Kinder in Auftrag zu geben.

Der berühmte Fernsehmaler Bob Ross war vor seiner TV-Karriere bei der Air Force. Zu seinen Aufgaben dort gehörte es, Soldaten anzubrüllen, damit sie ihre Betten machten und die Toiletten schrubbten, und nach seinem Abschied aus dem Militär beschloss Ross, nie wieder zu schreien.

Der erste Musik-Streaming-Dienst, auf den man per Telefon zugreifen konnte, war keine App. Das 1897 erfundene Telharmonium übertrug Musikstücke, die unablässig von zwei Menschen auf Klaviaturen eingespielt wurden, über das Festnetztelefon. Der Apparat nahm ein ganzes Stockwerk eines Gebäudes in Manhattan in Anspruch, und der erste Abonnent war niemand anderes als Mark Twain.

Würde man eine Trompete vollständig geradebiegen, wäre sie zwei Meter lang.

The New York Earth Room ist eine Kunstinstallation von Walter De Maria, die aus 126 Tonnen Erde auf dem Boden einer ganzen Etage in einem New Yorker Loft besteht. Die Erde wurde seit der Eröffnung 1977 nicht mehr ausgetauscht, wird aber einmal wöchentlich gewässert. Anfangs musste ab und zu Unkraut gejätet werden, aber mittlerweile wächst dort nichts mehr.

Der Erbauer des Eiffelturms baute eine Wohnung in den Turm ein. Obwohl er nicht in ihr lebte, nutzte er sie, um ausgewählte Gäste und Wissenschaftler dorthin einzuladen.

Karl Marx schrieb mit 19 einen Roman. Er wurde nie veröffentlicht und von allen, die Teile daraus gelesen haben, verrissen.

Das älteste bekannte Schmuckstück ist eine Kette aus Adlerkrallen, die von Neandertalern gefertigt wurde.

James McNeill Whistler verklagte den Kunstkritiker John Ruskin wegen Verleumdung, nachdem dieser Whistlers fast abstraktes Gemälde einer Feuerwerksexplosion als Beleidigung des allgemeinen Geschmacks bezeichnet hatte. Whistler forderte die Geschworenen auf, das Werk nicht als Bild, sondern als künstlerisches Arrangement zu betrachten. Vor Gericht wurde das Bild auf dem Kopf stehend gezeigt, und Whistler gewann den Prozess, auch wenn er nur einen Viertelpenny erhielt.

Das teuerste Puppenhaus der Welt ist 8,5 Millionen Dollar wert. Es bildet das Schloss im Gedicht »The Lady of Shalott« von Alfred Lord Tennyson nach.

Auf einer kleinen Kanalinsel in Mexico City befinden sich überall Gruselpuppen. Der Verwalter der Insel behauptet, er sei vom Geist eines jungen Mädchens heimgesucht worden, das er nicht hatte vor dem Ertrinken retten können. Daraufhin fing er an, Puppen auf die Insel zu bringen, um ihren Geist glücklich zu machen.

Die älteste bekannte Holzskulptur ist ein knapp drei Meter großes Götzenbild, das in einem Torfmoor in Russland gefunden wurde und aus der Zeit der Agrarrevolution vor 11 000 Jahren stammen soll. Es war ursprünglich über fünf Meter groß, doch während des turbulenten 20. Jahrhunderts wurde fast die Hälfte zerstört.

Das größte Töpferkunstwerk der Welt ist ein 500 Quadratmeter großes Haus, das ganz aus Terrakotta besteht. Es enthält keinerlei Stützmaterialien, und der Ton wurde in der Sonne gebrannt. Das Haus, das der kolumbianische Architekt Octavio Mendoza über 14 Jahre erbaute, hat zwei Stockwerke und sieht ein wenig aus wie eine Hobbithöhle.

Der Komponist Franz Joseph Haydn wurde aus dem Konservatorium ausgeschlossen, weil er einem Klassenkameraden den Zopf abgeschnitten hatte. Daraufhin trat er mehrere Jahre als Straßenmusiker auf.

Blechblasinstrumente müssten korrekt bezeichnet eigentlich »Lippentoninstrumente« heißen.

1925 beschlossen die Mitglieder einer schottischen Antarktisexpedition, ein Foto von einem Pinguin zu machen, der ein Dudelsackständchen gespielt bekommt. Obwohl der Vogel auf dem Bild einen durchaus vergnügten Eindruck erweckt, musste er an einen Topf voll Schnee gebunden werden, weil er fliehen wollte.

C. S. Lewis und J. R. R. Tolkien lasen sich gegenseitig um die Wette schlechte Lyrik vor, um zu schauen, wer länger aushielt, ohne zu lachen.

Die Künstlerin Aelita Andre verkaufte in New York Bilder im Wert von 30 000 Dollar, noch bevor sie fünf Jahre alt war.

Pablo Picasso trug einen Revolver mit Platzpatronen bei sich, den er auf jeden abfeuerte, der ihn nach der »Bedeutung« seiner Werke fragte.

In den Ländern, in denen Schüler die besten Ergebnisse in Mathe und den Naturwissenschaften erzielen, zählt Kunstunterricht zum Pflichtprogramm.

Georges Braque war der erste lebende Künstler, dessen Werk im Louvre ausgestellt wurde.

Der französische Postimpressionist Paul Gauguin arbeitete als Bauarbeiter am Panamakanal mit.

Der französische Bildhauer Auguste Rodin erfror 1917, weil er sich nicht leisten konnte, seine Wohnung zu heizen.

Gleichzeitig standen seine Skulpturen in den großen Museen Europas.

Frank O'Hara, ein Lyriker der New York School, kam am Strand von Fire Island durch einen Strandbuggy ums Leben.

Die US-amerikanische Tänzerin Isadora Duncan starb, da sich ihr Schal im Reifen eines Wagens verfangen hatte, als sie sich auf den Beifahrersitz setzte. Als der Wagen losfuhr, brach es ihr das Genick. Die Tragödie veranlasste Gertrude Stein zu dem Kommentar: »Affektiertheit kann gefährlich sein.«

Als Ernest Hemingway 1954 durch Afrika reiste, verletzte er sich gleich bei zwei Flugzeugabstürzen in Folge.

In William Shakespeares Garten wurden
Überreste von Tonpfeifen mit Marihuana darin
gefunden.

Der mexikanische Maler Diego Ri-
vera, ein Kommunist, nahm für seine
erste Ausstellung in New York ein
großzügiges Honorar vom kapitalisti-
schen Unternehmer John Rockefeller
entgegen.

Die Inschrift auf dem Grab von Charles Bu-
kowski, einem Dichter aus Los Angeles, lautet:
»Don't try« (»Versuch es nicht«).

Nachdem der Maler Raffael sich in die noch unfertige
Sixtinische Kapelle geschlichen hatte, um das Werk
seines Kollegen Michelangelo zu betrachten, kehrte er zu
seinem eigenen, schon vollendeten Wandgemälde in der
Basilica di Sant'Agostino zurück, kratzte es von der Wand
und begann von neuem.

Bob Ross verzichtete bei der Fernsehserie *The Joy of Painting* auf ein
Honorar. Sein Einkommen stammte
ausnahmslos aus seinem Geschäft für
Künstlerbedarf.

Salvador Dalí malte ein Bild für die Häftlinge in Rikers Island, das 15 Jahre lang im Speisesaal des Gefängnisses hing. 2003 wurde das Gemälde von drei Wächtern und dem Gefängnisdirektor gestohlen.

Die Mehrzahl der Gemälde von Adolf Hitler, die vor seiner Zeit als völkermordender Diktator entstanden, wurde von jüdischen Kunden erstanden.

2011 bezahlte eine Frau 10 000 Dollar für ein »unsichtbares« Kunstwerk aus dem »Museum für Unsichtbare Kunst« des Schauspielers James Franco.

Der Serien-Kunstvandale Hans-Joachim Bohlmann hat durch seine Versuche, berühmte Kunstwerke zu zerstören, einen Schaden von über 190 Millionen Dollar angerichtet.

Die Isotope Strontium 90 und Cäsium 137 kamen vor der Explosion der ersten Atombombe im Jahr 1945 nicht in der Natur vor. Heute untersuchen Kunsthistoriker Kunstwerke auf diese Isotope, um zu ermitteln, ob es sich um eine Fälschung handelt. Wenn ein Werk, das angeblich vor 1945 erschaffen wurde, die durch die Atombombe verursachten Isotope enthält, ist es gefälscht.

Die schizophrene Künstlerin Mary Barnes entdeckte ihr Talent in einer Nervenheilanstalt, wo ihr Therapeut, R. D. Laing, sie ermutigte, die Wände ihres Zimmers mit Fäkalien zu beschmieren. Als der Gestank überwältigend wurde, gab man ihr Malfarben.

Vincent van Gogh malte *Sternennacht* in einer Irrenanstalt im französischen Saint-Rémy-de-Provence. Das Gemälde zeigt die Aussicht aus dem Zimmer des Künstlers. Heute hat die Anstalt eine Abteilung, die nach van Gogh benannt ist.

Der Künstler Peter von Tiesenhausen ließ die oberen 15 Zentimeter der 320 Hektar Land, die zu seinem Hof gehören, zu einem urheberrechtlich geschützten Kunstwerk erklären, damit dort keine Öl-Pipelines verlegt werden dürfen. Gespräche mit ihm kosten Ölfirmen 500 Dollar pro Stunde.

Als erstes veröffentlichtes Buch gilt das *Gilgamesch-Epos*, das 3000 v. Chr. verfasst wurde.

Als erster Roman, der je veröffentlicht wurde, gilt *Die Geschichte des Prinzen Genji* aus dem frühen 11. Jahrhundert.

Die 1939 von Ernest Wright verfasste Novelle *Gadsby* verzichtet gänzlich auf den Buchstaben »e«.

In der Originalfassung der italienischen Kindergeschichte quetscht Pinocchio die Grille Jiminy zu Tode.

Auf dem Wandgemälde *Das Abendmahl,* das Leonardo da Vinci Ende des 15. Jahrhunderts anfertigte, waren ursprünglich auch Jesus' Füße abgebildet, doch sie wurden 1652 bei Restaurationsarbeiten entfernt, um Platz für eine Tür in der Wand zu schaffen, auf der das Bild prangt.

Der niederländische Maler Piet Mondrian arbeitete oft so lange an seinen Bildern, dass er Blasen an den Händen bekam.

Johannes Vermeer setzte beim Vorzeichnen seiner Bilder eine Camera obscura ein.

Der Dramatiker Bertolt Brecht arbeitete während des Ersten Weltkrieges als Krankenpfleger in einer Klinik für Soldaten mit Geschlechtskrankheiten.

Der Dichter Charles Baudelaire schrieb anlässlich seines Studienabschlusses 1839 an seinen Bruder, er verspüre keinerlei Berufung.

Der Vater der Bildhauerin Louise Bourgeois hatte lange ein Verhältnis mit ihrem Kindermädchen.

Der Filmemacher Kenneth Anger besuchte in seiner Jugend einen Ball im kalifornischen Santa Monica, wo berühmte und nicht berühmte Kinder zusammenkamen. Seine Partnerin beim ersten Tanz war Shirley Temple. Angers Frühwerk kam später wegen Obszönität vor Gericht, und er ließ sich den Namen »Luzifer« auf den Bauch tätowieren.

Werner Herzog gelobte einst, seinen Schuh zu verspeisen, sollte es Errol Morris tatsächlich gelingen, den Dokumentarfilm über Haustierfriedhöfe abzuschließen, an dem er seit Jahren arbeitete. *Gates of Heaven* kam 1978 ins Kino und fand international großen Anklang – und Herzog hielt Wort, was zur Entstehung des Films *Werner Herzog Eats His Shoe* führte.

In seiner Zeit in Baltimore (Maryland) wurde F. Scott Fitzgerald neunmal wegen Verletzungen, die er sich betrunken oder beim Trinken zugezogen hatte, ins Johns-Hopkins-Krankenhaus eingeliefert.

Zu Beginn seiner Schaffenszeit wurde der irische Schriftsteller James Joyce von einem Freund seines Vaters betrunken und zusammengeschlagen im Park St. Stephen's Green gefunden. Dieser Mann, Alfred Hunter, inspirierte Joyce zu seiner berühmtesten Figur, Leopold Bloom in *Ulysses*.

Platon glaubte, dass Dichter im idealen Stadtstaat geächtet würden, weil Lyrik irrational sei.

Der visionäre Dichter und Maler William Blake spazierte durch London, als er in einen wütenden Mob geriet, der das Newgate-Gefängnis stürmen wollte. Das Ereignis ging als die »Gordon Riots« in die Geschichte ein und führte zur Gründung der ersten Polizeitruppe in Großbritannien.

Der Lyriker Philip Larkin verließ England sein Leben lang kein einziges Mal. Als er in einem Interview nach dem Grund gefragt wurde, antwortete er: »Ich hatte nie Anlass dazu.«

Die beiden berühmtesten englischen Dichter der Romantik, William Wordsworth und Samuel Taylor Coleridge, waren eng befreundet, bis Wordsworth die Freundschaft aufgrund von Coleridges zunehmender Opiumabhängigkeit beendete – einer Sucht, die zu dessen bekanntestem Werk *Kubla Khan* führen sollte.

Während seiner Zeit in den Niederlanden kaufte Claude Monet ein kleines Boot und richtete sich darauf ein Studio ein, so dass er die örtlichen Seen und Seerosen erkunden konnte.

Rembrandts Grab und sterbliche Überreste wurden 20 Jahre nach seinem Tod zerstört, wie es auf den Armenfriedhöfen üblich war.

Das Mäzenatentum auf den Philippinen wird im Volksmund »Sternfruchtsystem« genannt.

Sein zurückgezogener Lebensstil und seine Religiosität brachten Fjodor Dostojewski in jungen Jahren den Spitznamen »Bruder Photius« ein.

Im Jahr 1949 war der Dramatiker Jean Genet bereits so häufig wegen unsittlichen Verhaltens, Landstreicherei und Diebstahls verurteilt worden, dass ihm eine lebenslängliche Gefängnisstrafe drohte. Es war ein großes Glück für die Weltliteratur, dass berühmte Kulturschaffende, darunter Jean Cocteau, Pablo Picasso und Jean-Paul Sartre, eine Petition unterzeichneten, die zu Genets Freilassung führte. Danach musste er nie wieder ins Gefängnis.

Der legendäre schwedische Regisseur Ingmar Bergman gab in einem Interview zu, dass ihn seine eigenen Filme deprimierten und er sie nicht mehr ansehen könne.

Der für seine psychedelischen Filme bekannte chilenische Regisseur Alejandro Jodorowsky war Zirkusclown, bevor er sich der Kunst zuwandte.

Der Leinölmangel während des Zweiten Weltkrieges führte zur Erfindung von Kunstharzfarben.

William S. Burroughs schnitt sich 1939 absichtlich die Zeigefingerkuppe ab, um einen Mann zu beeindrucken, für den er schwärmte.

Es gibt über 1000 Adaptionen von Shakespeares Werken.

Die roten Weingärten von Arles ist das einzige Gemälde von Vincent van Gogh, das zu Lebzeiten des Malers verkauft wurde.

Bei der *Mona Lisa* von Leonardo da Vinci handelt es sich höchstwahrscheinlich um ein Porträt von Lisa del Giocondo (geborene Gherardini), der Frau eines reichen Florenzer Seidenhändlers. Das Bild war für das neue Haus der Familie gedacht und wurde nach der Geburt des zweiten Kindes, irgendwann um 1505, in Auftrag gegeben.

Walt Whitmans Brüder hießen George Washington Whitman, Thomas Jefferson Whitman und Andrew Jackson Whitman.

Walt Whitman gründete in seinem Leben zwei Zeitungen: den *Brooklyn Weekly Freeman* und den *Long Islander*. Der *Long Islander* wird noch heute gedruckt.

Mary Shelleys Mutter, Mary Wollstonecraft, gehörte zu den bekanntesten Anarchistinnen und Feministinnen ihrer Zeit. Sie verfasste eine der ersten feministischen Abhandlungen, *A Vindication of the Rights of Woman* (»Eine Verteidigung der Rechte der Frau«). Sie starb wenige Tage nach der Geburt ihrer Tochter.

Don José Ruiz Blasco, der Vater von Pablo Picasso, war ein Maler, der auf Darstellungen von Tieren und anderen Naturszenen spezialisiert war.

Die Idee zu *Frankenstein* kam Mary Shelley, nachdem sie mit ihren Schriftstellerkollegen Percy Bysshe Shelley und Lord Byron über das Okkulte diskutiert hatte. Die Gruppe beschloss, einen Gruselgeschichtenwettbewerb zu veranstalten, und Mary Shelley arbeitete ihre Idee schließlich zu einem Roman aus.

Die Figuren auf dem Gemälde *American Gothic* von Grant Wood sind der Schwester und dem Zahnarzt des Künstlers nachempfunden.

Grant wollte ursprünglich seine Mutter malen, beschloss dann aber, dass es zu anstrengend für sie sei, ihm Modell zu stehen, und ließ seine Schwester die Schürze und die Kleiderspange der Mutter tragen.

Pablo Picassos letzte Worte lauteten angeblich: »Trinkt auf mich, trinkt auf meine Gesundheit, ihr wisst doch, dass ich nicht mehr trinken kann.« Er starb am 8. April 1973 im französischen Mougins.

Als Oscar Wildes letzte Worte gelten: »Meine Tapete und ich fechten einen Kampf auf Leben und Tod aus. Einer von uns muss gehen.«

Leonardo da Vinci, der sich selbst immer der größte Kritiker war, soll vor seinem Tod angeblich gesagt haben: »Ich habe Gott und die Menschheit beleidigt, denn mein Werk erreichte nicht die Qualität, die es hätte haben sollen.«

Wolfgang Amadeus Mozarts letzte Worte lauteten: »Der Geschmack des Todes ist auf meiner Zunge, ich fühle etwas, das nicht von dieser Welt ist.«

Die Legende von Dracula basiert auf dem rumänischen Fürsten Vlad dem Pfähler, der im 15. Jahrhundert sein Brot in das Blut erschlagener Feinde getunkt haben soll.

Dr. Seuss (Theodor Seuss Geisel) besaß eine riesige Sammlung lustiger Hüte in einem Raum hinter einem Bücherregal in seinem Haus. Er setzte sie auf, um kreative Blockaden zu überwinden, und verteilte sie an Essensgäste, die dann jeweils die passende »Figur« zur Kopfbedeckung »spielen« mussten.

John James Audubon widmete sein Leben der Aufgabe, jeden Vogel Nordamerikas zu malen. Zwischen 1827 und 1838 fertigte er 435 lebensgroße Wasserfarbenbilder von Vögeln an.

Der Künstler Damien Hirst führte beim Dreh des Musikvideos zum Lied »Country House« der Britpop-Band Blur Regie.

Jane Austen war das jüngste Mädchen von acht Kindern. Sie fing schon früh an, zur Unterhaltung ihrer Geschwister zu schreiben, und war bereits in jungen Jahren extrem produktiv. Mit 23 standen die Entwürfe für *Northanger Abbey*, *Sinn und Sinnlichkeit* und *Stolz und Vorurteil*.

Der Vater von Claude Monet lehnte die Malerei seines Sohnes ab und wollte, dass er Lebensmittelhändler wurde.

Pablo Picassos vollständiger Name lautete Pablo Diego José Francisco de Paula Juan Nepomuceno María de los Remedios Cipriano de la Santísima Trinidad Ruiz y Picasso.

Auguste Rodins Plastik *Das eherne Zeitalter* war eine derart realistische Darstellung des menschlichen Körpers, dass manche glaubten, der Künstler habe einen echten Leichnam in Bronze eingehüllt. Diese Kontroverse kam Rodin zugute, da die Leute Schlange standen, um das sagenumwobene Werk zu sehen. Unter anderem verkaufte er Nachbildungen an Museen in London, New York, Tokio und Berlin.

Der flämische Maler Peter Paul Rubens wurde sowohl von Philipp IV. von Spanien als auch von Charles I von England zum Ritter geschlagen.

Toni Morrison war die erste Afroamerikanerin, die einen Nobelpreis bekam. Sie erhielt ihn für ihren Beitrag zur Literatur und Poesie.

Der britische Künstler Willard Wigan erschafft Mikroskulpturen, die so klein sind, dass man sie nur unter dem Mikroskop sehen kann. Seine Werke befinden sich oft im Loch einer Nähnadel oder im Kopf einer Stecknadel. Er begann sein Tun schon mit fünf Jahren, als er Häuser für Ameisen baute, die in seinen Augen einen Ort zum Leben brauchten.

Åke »Dacke« Axelsson ließ im Jahr 1964 bei einer Avantgarde-Kunstausstellung in Schweden vier von einem Schimpansen gemalte Bilder unter dem Pseudonym Pierre Brassau aufhängen. Die Kritiker lobten die Werke, auch nachdem sie erfahren hatten, wer der Künstler war.

Der polnische Künstler Rafał Bujnowski reichte ein Foto eines hyperrealistischen Selbstporträts ein, als er bei der US-Botschaft ein Visum beantragte. Das Gemälde war so lebensecht, dass es niemandem in der Botschaft auffiel. Später erhielt Bujnowski einen US-amerikanischen Pass mit seinem Selbstporträt als Bild.

Der britische Priester Jamie MacLeod
erstand in einem Antiquitätenla-
den in Cheshire für 400 Pfund ein
verstaubtes Gemälde. In der britischen Fernsehsendung *Antiques
Roadshow* entdeckte er dann, dass
es sich um ein seltenes Porträt von
Sir Anthony van Dyck im Wert von
400 000 Pfund handelte. MacLeod
nutzte das Geld aus dem Verkauf des
Bildes, um neue Glocken für seine
Kirche anzuschaffen.

Als buddhistische Mönche 1955 eine Buddha-Statue aus
Gips durch einen Tempel trugen, rutschte sie ihnen aus
der Hand, zersprang und brachte eine Statue aus massi-
vem Gold zum Vorschein.

Der Künstler David Choe akzeptierte Aktien
als Honorar für ein Wandgemälde im Face-
book-Gebäude im Silicon Valley. Beim Börsen-
gang von Facebook 2012 wurden seine Anteile
auf einen Wert von 200 Millionen Dollar
geschätzt.

Die berühmte Skulptur *Der Denker* von Auguste Rodin war ursprünglich nur etwa 70 Zentimeter groß und hieß *Der Dichter*. Sie sollte ein kleiner Teil einer größeren Darstellung von Dantes *Inferno* werden, an der Rodin in den 1880er Jahren arbeitete. *Der Dichter* sollte Dante selbst verkörpern. Die größere, bekanntere Version, die wir heute kennen, entstand erst 1904.

Die *Pietà* ist das einzige bekannte Werk von Michelangelo, das er signiert hat. Es handelt sich um eine marmorne Skulptur des Leichnams Jesu nach der Kreuzigung auf Marias Schoß. Heute befindet sie sich im Petersdom im Vatikanstaat.

Pablo Picasso musste sich nach dem Diebstahl der *Mona Lisa* 1911 einer offiziellen Befragung unterziehen. Er wurde für unschuldig befunden und durfte gehen, auch wenn es immer noch Gerüchte gibt, er könne etwas mit der Sache zu tun gehabt haben. Vor dem Diebstahl war das Gemälde fast nur Intellektuellen ein Begriff. Seine heutige Berühmtheit geht zu einem großen Teil auf die Sensationsgier der Medien zurück.

Die frühesten bekannten Kunstwerke – afrikanische Höhlenmalereien und in den Fels geritzte Zeichnungen – stammen aus der Zeit rund um 32 000 v. Chr.

Georgia O'Keeffe war etwas genervt von der Aufregung um ihre Blumenbilder. Der Kunstkritikerin Emily Genauer erklärte sie: »Ich hasse Blumen – ich male sie, weil sie billiger sind als Modelle und sich nicht bewegen.«

Der Künstler Ivan Albright arbeitete so präzise, dass er oft einen einhaarigen Pinsel benutzte und ganze Tage auf ein paar Quadratzentimeter Leinwand verwendete.

Im Jahr 1961 hing das Gemälde *Le Bateau* (»Das Schiff«) von Henri Matisse 47 Tage lang falsch herum im New Yorker Museum of Modern Art, bis eine Mäzenin, die Börsenmaklerin Genevieve Habert, den Fehler bemerkte und das Personal darauf hinwies.

Der 15. April ist der Welttag der Kunst und der Geburtstag von Leonardo da Vinci.

E. B. White, der Verfasser berühmter Kinderbücher wie
Stuart Little und *Wilbur und Charlotte*, ist auch der Co-
autor von William Strunk Juniors *The Elements of Style*,
das in den USA zu den am weitesten verbreiteten Hand-
büchern zum Thema Schreibstil zählt.

Aldous Huxley, der Autor von *Schöne
neue Welt* und *Eilana*, schrieb das
Original-Drehbuch für Disneys Verfilmung von *Alice im Wunderland*. Walt
Disney lehnte das Drehbuch ab, weil
er es zu literarisch und komplex fand.

Josef Stalin war ein großer Fan von Western,
sein Lieblingsschauspieler war John Wayne.
Was er in Filmen nicht mochte, waren Liebes-
szenen, eine Zeitlang verbot er sogar Küsse in
in Russland gedrehten Filmen.

Das Phänomen von Nachahmungsselbstmorden oder
das vermehrte Auftreten von Selbstmorden wird als
»Werther-Effekt« bezeichnet und geht zurück auf Goethes
Roman *Die Leiden des jungen Werther*.

2013 nagelte der russische Konzeptkünstler Petr
Pavlensky auf dem Roten Platz in Moskau seinen
Hodensack am Boden fest und bezeichnete das
als Metapher für die Gleichgültigkeit der heutigen
russischen Gesellschaft.

George Orwell, der Verfasser von *1984* und *Farm der Tiere*, veröffentlichte einst einen sehr detaillierten Aufsatz darüber, wie man die perfekte Tasse Tee zubereitet. Der Titel lautete: »Eine schöne Tasse Tee«.

»Abstemiously« und »facetiously« sind die einzigen englischen Wörter, in denen alle Vokale einschließlich des Y in alphabetischer Reihenfolge vorkommen.

Eine Britin, die von ihrem Vater 30 Jahre lang in einer maoistischen Kommune gefangen gehalten wurde, ließ sich durch die Lektüre von *Harry Potter* und *Der Herr der Ringe* zur Flucht anspornen.

Das Wort »hä« kommt in jeder Sprache auf der Erde vor.

Mozarts vollständiger Name lautete Johannes Chrysostomus Wolfgangus Theophilus Mozart.

Das englische Wort »calf« in der Bedeutung Kalb ist germanischen Ursprungs, während »calf« in der Bedeutung Wade aus dem Altnordischen kommt.

Die meisten Heimuhren mit Schlagwerk spielen eine Melodie namens »Westminster-Schlag«. Sie ist nach dem Palace of Westminster benannt, in dem die Glocke Big Ben hängt.

Der Roman *Moby Dick* beruht auf einer wahren Geschichte. Der echte Ahab hieß George Pollard und war Kapitän des Walfangschiffes *Essex*. Die Mannschaft der *Essex* verschuldete das Aussterben zweier Schildkrötenarten. Als ein Killerwal das Schiff rammte, musste sich die Besatzung in sechs Meter lange Beiboote retten und begann schließlich, sich gegenseitig zu verspeisen. Als man die Überlebenden fand, waren sie im Delirium und saugten das Mark aus den Knochen ihrer toten Gefährten.

Die Farbe, die man sieht, wenn keine Lichtquelle vorhanden ist, nennt man »Eigengrau«.

Leonardo da Vinci wurde als Bastard zweier unverheirateter Eltern geboren.

Salvador Dalí hielt sich für die Wiedergeburt seines toten Bruders. Dieser hatte ebenfalls Salvador geheißen und war vor der Geburt des Malers gestorben.

In allen Bildern Salvador Dalís findet sich entweder ein Porträt oder zumindest die Silhouette des Künstlers.

Auf dem berühmtesten Porträt von Priapus, dem griechischen Gott der Fruchtbarkeit, weist der markante Penis deutliche Zeichen einer Vorhautverengung auf, was den Gott unfruchtbar gemacht hätte.

Michelangelo di Lodovico Buonarroti Simonis Vater Lodovico schlug seinen Sohn, als dieser zu malen begann, weil er die Tätigkeit unmännlich fand. Angeblich schämte er sich später in Grund und Boden, als der Sohn sich als begabter Künstler herausstellte.

Während der Renaissance war Ultramarin mindestens so wertvoll wie Gold. Eine Unze des Farbpigments kostete umgerechnet etwa 5000 Dollar und wurde üblicherweise nur für die ehrwürdigsten Motive wie die Kleidung der Jungfrau Maria verwendet.

Paul Gauguins Gemälde *Nafea Faa Ipoipo* (»Wann wirst du heiraten?«) wurde 2015 für 300 Millionen Dollar an einen privaten Sammler verkauft, was es vorläufig zum teuersten Bild aller Zeiten macht.

Rembrandts 1662 fertiggestelltes Gemälde *Die Verschwörung des Julius Civilis* war mit über fünf Metern Breite das größte Werk des Künstlers. Aufgrund eines finanziellen Engpasses war Rembrandt gezwungen, das Bild auf ein Viertel seiner vormaligen Größe zu reduzieren und es zu verkaufen. Heute hängt es im schwedischen Nationalmuseum.

Das erste Farbfoto wurde 1861 von Thomas Sutton aufgenommen, unter Einsatz der Drei-Farben-Methode von James Clerk Maxwell. Das Bild zeigt eine Schleife mit Karomuster.

Bei der zeitgenössischen Kunstform des Blattschnitzens wird sorgfältig ein Teil der Blattoberfläche entfernt, so dass ein wunderschönes, silhouettenähnliches Bild auf dem Blatt entsteht. Blattschnitzer brauchen für ein Werk im Schnitt drei bis vier Monate.

Masonit, eine beliebte Unterlage für Ölgemälde, wurde 1924 zum Patent angemeldet. Für die Herstellung schießt man Holzschnitzel in röhrenförmige Druckbehälter voller Wasserdampf, bevor das Produkt erhitzt und gepresst wird.

Der »Mozart-Effekt« bezeichnet die Steigerung des IQ, die beim Hören von Wolfgang Amadeus Mozarts Kompositionen eintreten soll. Eingeführt und geprägt wurde der Begriff 1997 von Don Campbell. Das Phänomen ließ die Verkaufszahlen von Mozart-CDs für Kinder ansteigen, und der Gouverneur von Georgia gab 1998 105 000 Dollar des Landeshaushalts dafür aus, dass alle Kinder Zugang zu Mozarts Musik hatten. Heute halten die meisten Psychologen den Mozart-Effekt für einen Mythos.

Leonardo da Vinci arbeitete mit ultradünnem Mikrolack, der so dünn war wie ein Fünfzigstel eines Haares, und bestrich seine Werke damit ausgiebig. Die *Mona Lisa* ist von etwa 30 Schichten Lack überzogen.

Die italienischen Renaissancemaler nutzten rotes Schildlauspigment, um menschliches Fleisch darzustellen. Dieses Pigment wurde aus parasitischen Insekten gewonnen, die auf der Stech-Eiche leben.

Die *Mona Lisa* wird seit 1974 in einem kugel-
sicheren, klimatisierten Glaskasten aufbewahrt,
auf einem Bett aus Kieselerde, um die Luft-
feuchtigkeit konstant bei 55 Prozent zu halten.

Michelangelo malte 300 Figuren auf
die Decke der Sixtinischen Kapelle,
von denen keine zwei einander auch
nur entfernt ähnlich sehen.

Nachdem Arthur Rimbaud, der französische Dichter des
Symbolismus, noch vor seinem 21. Geburtstag seinem
gesamten Werk abgeschworen hatte, wandte er sich dem
Abenteurerleben zu. 1884 wurde er Kaffee- und Waffen-
händler im äthiopischen Harar, wo ihn eine enge Freundschaft mit Gouverneur Ras Makonnen, dem Vater des
späteren äthiopischen Kaisers Haile Selassie, verband.

Nur wenigen Menschen ist bekannt, dass es eigentlich
drei Versionen von Leonardo da Vincis *Mona Lisa* gibt.
Neben dem berühmten Bild im Louvre existiert noch ein
zweites bestätigtes Exemplar im Prado in Madrid. Das
dritte hingegen, das unter dem Titel *Isleworth Mona Lisa*
bekannt ist, soll ein Jahrzehnt älter sein als die anderen
beiden. Trotz eingehender Untersuchung durch Kunsthistoriker ist aber noch nicht klar, ob das *Isleworth*-Porträt
von da Vinci selbst oder von einem seiner Schüler gemalt
worden ist.

Im Mai 2010 verbrachte die Performance-Künstlerin Marina Abramović 736 Stunden damit, im Museum of Modern Art Museumsbesuchern direkt ins Gesicht zu schauen. Die Aktion war Teil ihrer Performance-Retrospektive mit dem Titel *The Artist is Present*.

Bei den Olympischen Spielen 1900 in Paris erhielten die Sieger wertvolle Kunstwerke statt Goldmedaillen.

2012 erkannte das Smithsonian-Museum Videospiele offiziell als Kunstform an und veranstaltete eine Ausstellung zur »eingehenden Untersuchung der Entwicklung von Videospielen als künstlerisches Medium«.

Es gibt eine Schallplatte mit dem Titel *The Best of Marcel Marceao* [sic], die nichts als 38 Minuten Stille, gefolgt von donnerndem Applaus, enthält. Marcel Marceau war Pantomime.

Der Künstler Man Ray erschuf 1923 ein Objekt mit dem Titel *Object to Be Destroyed* (»Objekt, das zerstört werden soll«). Es existierte bis 1957, als eine Gruppe Nihilisten es aus der Ausstellung raubte und auf es schoss.

Der Künstler Teemu Mäki drehte 1988 ein Video, in dem er eine Katze tötete und auf den Kadaver masturbierte. Von 2008 bis 2013 war er Professor für bildende Kunst an der Aalto-Universität in Finnland.

1961 füllte der italienische Künstler Piero Manzoni 90 Konservendosen mit je 30 Gramm seiner Exkremente. Heute ist jede Dose 100 000 Dollar wert. Manzoni hat auch schon seinen Atem verkauft.

Die Installation *Times Square* des Künstlers Max Neuhaus verbirgt sich in einem Luftschacht der U-Bahn in Manhattan und gibt ein lautes, mysteriöses Summen von sich, das beim Überqueren des Schachtes zu hören ist.

Bevor Pablo Picasso berühmt wurde, verbrannte er manchmal einige seine Werke, um sich aufzuwärmen.

Benjamin Franklin verfasste einst einen längeren Aufsatz, der an die Royal Academy of Arts adressiert war und den Titel »Furzen Sie voller Stolz« trug.

Das Kinoepos *Ben Hur* aus dem Jahr 1959 war eine Neuverfilmung des gleichnamigen Films von 1907, der auf dem Roman *Ben Hur* aus dem Jahr 1880 basierte.

Englisch ist die einzige indogermanische Sprache, die ohne Genus auskommt.

Kenneth Goldsmith »verfasste« ein Gedicht namens »The Day«, indem er den Inhalt einer Tagesausgabe der *New York Times* abschrieb. Er brauchte ein Jahr dafür, und das Werk wurde 836 Seiten lang.

Die isländische Sprache hat sich in den letzten tausend Jahren so geringfügig verändert, dass ein heute lebender Isländer Altnordisch verstehen könnte. Versuchen Sie doch mal, das *Hildebrandslied* auf Althochdeutsch zu lesen: »Ik gihorta dat seggen, dat sih urhettun ænon muotin, Hiltibrant enti Hadubrant untar heriun tuem.« Alles klar?

Laut Archäologen waren die ersten Künstler größtenteils Frauen. Untersuchungen von Handabdrücken rund um prähistorische Höhlenmalereien – die wahrscheinlich als Unterschrift dienten – haben ergeben, dass drei Viertel von ihnen von Frauen stammen. Es gibt allerdings auch die Hypothese, dass es sich um die Handabdrücke männlicher Jugendlicher handelt.

Viele Begriffe in den Bereichen Kunst, Kultur und Staatsführung fanden Eintritt in die englische Sprache, als die Normannen – die Franzosen waren – in Großbritannien herrschten. Zu jener Zeit hielten viele Leute Wörter, die aus dem Lateinischen stammten, für hochtrabend. Das ist heute noch der Grund dafür, dass Sprecher des Englischen lange Wörter tendenziell für vornehmer halten. Aus dem Lateinischen stammende Wörter sind im Allgemeinen länger als Wörter aus dem Germanischen.

Englisch ist die einzige bekannte Sprache der Welt, die im Präsens in der dritten Person Singular eine spezielle Endung verlangt – das s, etwa bei: »*I write, you write, he / she / it writes*«.

Die berühmteste Komposition von John Cage ist »4'33«, bei der Musiker auf der Bühne stehen und vier Minuten und 33 Sekunden lang keinen Ton spielen. Das Stück besteht nur aus den Geräuschen, die das Publikum macht.

»La Bella Principessa«, ein Bild von Leonardo da Vinci, das 150 Millionen Dollar wert ist, könnte in Wahrheit eine Fälschung sein.

Richard Prince verkaufte »Gemälde«, die nichts anderes als Screenshots davon waren, wie er Kommentare unter Instagram-Bildern von anderen Leuten hinterließ – meist von attraktiven jungen Frauen. Sammler zahlten 100 000 Dollar pro Werk.

Der Dichter Gaius Helvius Cinna wurde nach der Ermordung Julius Cäsars von einer Menschenmenge gelyncht, weil man ihn mit Cornelius Cinna verwechselte, einem von Brutus' Mitverschwörern.

Das Avantgarde-Ballett *Le sacre du printemps* löste bei seiner Erstaufführung 1913 in Paris beinahe einen Tumult aus. Die kakophone Musik und das Stampfen und Torkeln der Tänzer sorgten dafür, dass es im Publikum zu wilden Diskussionen kam und die Leute Gegenstände auf die Orchestermusiker warfen. 40 Menschen mussten aus dem Saal entfernt werden, bevor die Vorstellung fortgeführt werden konnte.

Im Russischen gibt es kein konkretes Wort für »Blau«.

⌐ -KUNST & LITERATUR- - - - - ⌐

1. Welcher Schriftsteller ist mit bisher mehr als 1000 Adaptionen der am häufigsten adaptierte Autor aller Zeiten?
   a. Tom Clancy
   b. Stephen King
   c. William Shakespeare
   d. Victor Hugo

2. Welchem Künstler wurde von seinem Vater nahegelegt, Lebensmittelhändler statt Maler zu werden?
   a. Claude Monet
   b. Pablo Picasso
   c. Leonardo da Vinci
   d. Andy Warhol

3. Von welchem Unternehmen ließ sich der Künstler David Choe in Aktien für ein Wandgemälde entlohnen?
   a. Facebook
   b. Twitter
   c. Snapchat
   d. Instagram

4. Wer war der erste lebende Künstler, dessen Werk im Louvre ausgestellt wurde?
   a. Pablo Picasso
   b. Georges Braque
   c. Henri Matisse
   d. Jackson Pollock

Auflösung: 1. C; 2. A; 3. A; 4. B

Ein Schläfchen einzuschieben, bevor man müde ist, ist effektiver, als sich erst dann hinzulegen, wenn einem bereits die Augen zufallen.

Das Gehirn verbraucht 20 Prozent des vom Körper aufgenommenen Sauerstoffs, obwohl es nur etwa 2 Prozent des Körpergewichts ausmacht.

Männer mit tiefen Stimmen haben tendenziell weniger Spermien als Männer mit hohen Stimmen.

Bananen eignen sich besser dazu, den Elektrolyt-Haushalt aufzufüllen, als das in den USA als Katermittel beliebte Gatorade. Außerdem enthalten sie Serotonin und Dopamin – Botenstoffe, die Glücksgefühle auslösen.

Ein Zehntel aller US-Amerikaner hat lebenslang mit einer Rauschmittelsucht zu kämpfen.

Frauen werden schneller betrunken als Männer, wenn sie die gleiche Menge Alkohol trinken, weil das Blut von Männern mehr Wasser enthält, das den Alkohol verdünnt.

Die Bewohner San Franciscos schlafen mit
mehr Leuten als der Rest des Landes, sie kommen im Schnitt auf 30 Sexualpartner. Doch die
Bewohner von Los Angeles haben mehr Sex als
alle anderen, durchschnittlich 135-mal pro Jahr.

Jedes Jahr werden 98 Pro-
zent der Atome im Körper
eines Menschen ersetzt.

Der Konsum von Kaffee reduziert das Risiko
für die meisten Krebsarten.

Forschungen haben ergeben, dass
das Anschauen von Pornos Männer
zu besseren Gewichthebern machen
könnte.

Kastrierte Männer werden meist älter.

In Finnland schlafen fast alle Babys während
der ersten Lebensmonate in Pappkartons.
Finnische Mütter können sich zwischen einer
geringen Geldsumme oder einem Karton voller
Kinderutensilien wie Kleidung und Bettzeug
entscheiden, der gleichzeitig auch als Babybett
verwendbar ist.

Beim Niesen ausgestoßenes Nasensekret kann Geschwindigkeiten von bis zu 320 km/h erreichen.

An einem gebrochenen Herzen kann man tatsächlich sterben.

Forschungen haben ergeben, dass Menschen lieber ihre eigenen Fürze riechen als die anderer Leute.

Der G-Punkt ist nach dem Gynäkologen benannt, der ihn entdeckt hat – Ernst Gräfenberg. Fast hätte er aber »Whipple-Tickle« geheißen, nach der Sexforscherin Beverly Whipple.

Das meiste Fett verlässt den Körper über das Atmen.

Eine Israelin erstritt vor Gericht eine Summe von 1000 Dollar von einem Meteorologen, der sonniges Wetter vorausgesagt hatte. Sie behauptete, durch die Vorhersage dünn bekleidet aus dem Haus gegangen zu sein, doch dann regnete es, und sie fing sich eine Grippe ein.

Das Risiko medizinischer Komplikationen ist in den USA im Juli höher, wenn neue Assistenzärzte ihre Stellen antreten.

Dr. Jerri Nielsen behandelte erfolgreich ihren eigenen Brustkrebs, als sie in der Antarktis gestrandet war. Doch als der Krebs zehn Jahre später zurückkehrte, starb sie im Alter von 57 Jahren.

Aufgrund einer Genmutation, die im 18. Jahrhundert stattfand, leiden 38 Menschen in einem kleinen Dorf in Norditalien nicht an cholesterinbedingter Arterienverstopfung. Sie sind immun gegen Herzinfarkte und Schlaganfälle.

Holzhacken steigert die Testosteronproduktion um 40 Prozent.

Die pakistanische Stadt Islamabad ist die Heuschnupfenhauptstadt der Welt.

Es besteht ein klarer Zusammenhang zwischen niedrigem Lohn und Bluthochdruck.

Ein achtwöchiger Meditationskurs sorgt dafür, dass die Amygdala, die für Angst und andere Gefühle zuständig ist, schrumpft, während der präfrontale Cortex, der mit Aufmerksamkeit, Konzentration und Entscheidungsfreudigkeit in Verbindung gebracht wird, wächst.

Die autoimmune Enzephalitis ist eine seltene neurologische Erkrankung, die vor allem bei Frauen auftritt und zu Symptomen führt, die mit Besessenheit durch Dämonen in Verbindung gebracht werden.

Bewegungsmangel kostet etwa genauso viele Menschen das Leben wie das Rauchen von Tabak.

Forscher glauben, dass die roten Flecken der Rosazea durch Milben ausgelöst werden, die auf der Gesichtshaut leben und sich vermehren.

Als »Mariko-Aoki-Phänomen« bezeichnet man den Drang, den Darm zu entleeren, nachdem man Bücher gerochen hat.

Kuscheln setzt Oxytocin frei, was das Heilen von Wunden enorm fördern kann.

Der Mensch kann im Durchschnitt 5,5 Stunden in einem Sarg unter der Erde überleben, bevor ihm der Sauerstoff ausgeht. Je kleiner der Mensch, desto länger hält er es aus, weil durch das geringere Körpervolumen mehr Platz für Luft im Sarg ist.

In tropischen und subtropischen Regionen erkranken deutlich weniger Menschen an Multipler Sklerose als in kälteren Zonen. Obwohl niemand genau weiß, warum das so ist, vermuten manche Wissenschaftler, dass der höhere Konsum von Milchprodukten in kälteren Regionen der Grund sein könnte.

Während künstliche Organe und Körperteile weit verbreitet sind, existiert bisher noch kein künstlicher sauerstofftransportierender Blutersatz. Es gibt zwar Flüssigkeiten auf Nicht-Blut-Basis, die das Volumen des Blutes vergrößern, doch sie können keinen zusätzlichen Sauerstoff aufnehmen.

3o Prozent aller Schwangeren haben zwischendurch Heißhunger auf etwas, das kein Lebensmittel ist. Diese Essstörung ist unter dem Namen Pica bekannt. Zu den gängigsten Substanzen, nach denen es die Frauen gelüstet, zählen Dreck, Ton und Wäschestärke.

»Phobophobie« bezeichnet die Angst davor, Angst zu haben. Zu den Symptomen gehören Schwindel, übermäßiges Schwitzen, Pulsrasen und Schwächeanfälle.

21 Prozent der Franzosen haben eine schwere depressive Phase erlebt, was Frankreich zum depressivsten Land der Welt macht. Auf Platz 2 folgen die USA.

Weltweit sind bisher etwa 40 Fälle der Truman-Show-Wahnvorstellung bekannt – einer Störung, die nach dem Jim-Carrey-Film aus dem Jahr 1998 benannt ist. Die Betroffenen glaubten, dass ihr Leben ein Theaterstück oder Teil einer Reality-Show sei.

Jeder Tropfen Blut legt im menschlichen Körper täglich knapp 100 000 Kilometer zurück.

Unsere Lungen atmen jeden Tag mehr als zwei Millionen Liter Luft ein. Würde man das Organ »auseinanderziehen«, würde die Oberfläche einen halben Tennisplatz bedecken.

Während seines Lebens atmet ein Mensch im Schnitt etwa 20 Kilogramm Staub ein.

Bei einem Kuss, der eine Minute andauert, werden im Schnitt 26 Kalorien verbrannt.

Jedes Mal, wenn man eine US-amerikanische Briefmarke ableckt, nimmt man ein Zehntel einer Kalorie auf. Britische Briefmarken hingegen enthalten 5,9 Kalorien. Israelische Briefmarken sind koscher.

Menschliche Wimpern halten im Schnitt 150 Tage.

Jeder Mensch sondert im Jahr etwa vier Kilogramm Hautzellen ab.

Schweiß an sich ist geruchlos. Der Geruch wird von Bakterien verursacht, die auf der Haut leben.

Frauen blinzeln durchschnittlich 19-mal pro Minute, Männer nur elfmal.

Schwule blinzeln häufiger als heterosexuelle Männer, Lesben seltener als heterosexuelle Frauen.

Um ein menschliches Ohr abzureißen, ist nur eine Zugkraft von gut drei Kilogramm nötig.

Auf 1000 Operationen kommen ein bis zwei Fälle, bei denen die Patienten während der Narkose aufwachen. Erschreckenderweise ist die Wahrscheinlichkeit bei Kindern acht- bis zehnmal höher.

Bei der Arbeit jeden Tag drei Stunden lang zu stehen statt zu sitzen verbraucht genauso viel Energie wie zehn Marathonläufe im Jahr.

Intelligente Menschen leben generell länger, und es gibt Forschungen, die nahelegen, dass das eher genetische als umweltbedingte Gründe hat. Doch den genauen Grund konnten die Wissenschaftler noch nicht ermitteln.

Die Sterblichkeitsrate bei Babys, die am Wochenende geboren wurden, ist um 7 Prozent höher als die derer, die unter der Woche zur Welt kommen.

In der brasilianischen Stadt Cândido Godól kommen 18-mal mehr Zwillinge zur Welt als anderswo. Es hieß, dass der berüchtigte Nazi-Arzt Josef Mengele für eine Mutation gesorgt habe, als er nach seiner Flucht aus Deutschland hierherkam und Experimente an Frauen durchführte. Doch Ärzte sind zu dem Schluss gekommen, dass es sich eher um eine Folge der Inzucht in der kleinen deutschen Enklave handelt.

Frauen verbrennen beim Sex mehr Kalorien, wenn sie einen Orgasmus haben.

In den 1960er Jahren versuchten Ärzte, künstliche Herzen mit Hilfe von Plutonium zum Schlagen zu bringen. Die Idee wurde verworfen, da Plutonium radioaktiv ist, auch wenn es immer noch eine Reihe von Patienten gibt, die mit einem plutoniumbetriebenen Herzen herumlaufen.

Ein Heißgetränk kann an einem heißen Tag für Abkühlung sorgen. Die heiße Flüssigkeit sorgt dafür, dass man schwitzt, und wenn der Schweiß verdampft, sinkt die Körpertemperatur.

Aufgerissene Mundwinkel gehen auf eine Pilz- oder Hefeinfektion zurück.

Ein Industriedesigner hat einen Gipsverband aus dem 3D-Drucker entwickelt, der mit Ultraschall arbeitet und Knochenbrüche 40 Prozent schneller heilen lässt. Der Verband besteht aus einer Gitterstruktur, die Luft an die Haut lässt und deshalb weder juckt noch unangenehm riecht wie gewöhnliche Gipsverbände.

Erst ein einziger Mensch ist je von HIV geheilt worden. Timothy Ray Brown war seit elf Jahren HIV-positiv, als bei ihm eine seltene Form der Leukämie diagnostiziert wurde. Brown erhielt zwei Knochenmarktransplantationen, und das Virus verschwand restlos. Bis heute wissen die Wissenschaftler nicht genau, wie das zu erklären ist.

Chaga, ein Pilz, der nur im Winter auf Birken zu finden ist, hilft gegen Magenleiden und reduziert möglicherweise das Risiko für einige Krebsarten.

Als die New Yorker Grand Central Station 1998 renoviert wurde, ließ man einen Stein in der Decke unverändert zurück. Die Schmutzschicht, die ihn überzieht, besteht zu 70 Prozent aus Teer und Nikotin von Zigarettenqualm. Der Stein befindet sich am Sternenhimmel in der großen Halle, direkt neben dem Sternbild Krebs.

Forscher haben ermittelt, dass das HI-Virus in den 1920er Jahren in Kinshasa, der Hauptstadt der Demokratischen Republik Kongo, entstanden ist. Durch das ausgedehnte Eisenbahnnetz war Kinshasa zu der Zeit eine der am besten angebundenen Städte Afrikas, wodurch sich das Virus leicht über die ganze Welt verbreiten konnte.

Die Neandertaler hatten deutlich häufiger rote Haare als moderne Menschen.

Der Langstreckenläufer Dean Karnazes lief an 50 aufein-
anderfolgenden Tagen 50 Marathons in 50 Bundesstaaten
der USA. Karnazes' Körper bricht nicht zusammen, wie
es bei den meisten anderen Menschen der Fall wäre, und
theoretisch könnte er ewig lange mit einer Geschwindigkeit von 6 Minuten pro Kilometer weiterlaufen, wenn er
dabei genügend Nahrung und Wasser zu sich nähme.

Ein Hirnchirurg aus Cleveland ver-
pflanzte erfolgreich den Kopf eines
Affen auf den Körper eines anderen
Affen.

»Misophonie« bezeichnet die Überempfind-
lichkeit gegenüber bestimmten Geräuschen,
beispielsweise Essgeräuschen.

Der Teil des Haares, der außerhalb der Haut
liegt, ist bereits abgestorben und muss eigentlich nicht gewaschen werden, um unangeneh-
men Geruch zu vermeiden.

»Witzelsucht« ist eine neurologische Störung, bei der
man ständig schlechte Witze in unangemessenen Situa-
tionen macht.

Der ungarische Arzt Ignaz Semmelweis entdeckte, dass sich die Sterblichkeitsrate von Kindern in seiner Klinik um 35 Prozent verringerte, wenn er sich zwischen den Entbindungen die Hände wusch.

1976 kostete ein Ausbruch der Schweinegrippe in den USA einer Person das Leben, während die Impfung gegen Schweinegrippe 25 Todesfälle forderte.

Sich zu küssen ist hygienischer, als sich die Hand zu geben.

Zu häufig auf dem Portemonnaie zu sitzen kann zu einer dauerhaften Lähmung des Beines führen.

Werdende Mütter, die stark gestresst sind, bringen tendenziell kleinere Kinder zur Welt.

Geringe soziale Interaktion ist genauso schädlich, wie jeden Tag 15 Zigaretten zu rauchen.

Honig ist ein besserer Hustenblocker als die Hustenblocker, die in Apotheken verkauft werden.

1936 nahm ein Arzt bewusst eine Überdosis Kokain und hielt im Sterben eine detaillierte biologische Beschreibung der Erfahrung auf der Wand seines Büros fest, damit die Erkenntnisse anderen Wissenschaftlern zur Verfügung standen.

Wenn man Rohzucker auf eine Wunde gibt, stoppt das die Blutung.

Im vergangenen Jahrzehnt sind mehr US-Bürger an einer Überdosis rezeptpflichtiger Schmerzmittel gestorben als an Heroin- und Kokainüberdosen zusammen.

Die Bristol-Stuhlformen-Skala wurde entwickelt, um die Form menschlicher Exkremente in sieben Kategorien einzuteilen.

Mit Hilfe eines einfachen Leckerli-Belohnungssystems ließen sich normale Haushunde darauf abrichten, durch Schnüffeln am Atem von Patienten sowohl Lungen- als auch Brustkrebs zu entdecken. Biopsien ergaben, dass die Erfolgsquote der Hunde bei 90 bis 100 Prozent lag.

Während der Prohibition setzten Schwarzhändler ihrer
»Medizin« eine Komponente zu, die die Konsumenten
teilweise oder völlig lähmte; es gab etwa 50 000 Op-
fer. Diejenigen von ihnen, die zumindest noch laufen
konnten, hatten einen bestimmten Gang, der »Jake Leg«
genannt wurde.

Bis 1985 wurden Kinder im Alter von bis zu
18 Monaten noch routinemäßig ohne Betäubung operiert, weil man glaubte, sie könnten
keine Schmerzen empfinden.

2001 veröffentlichte die tschechische
Tochter des Philipp-Morris-Konzerns
einen Bericht, in dem zu lesen war,
der Staat würde durch die Zigaretten
Geld sparen, weil Raucher stürben,
bevor sie in Rente gingen.

Nach seiner Zeit als US-Präsident bemühte
sich Jimmy Carter darum, den Medinawurm
auszurotten, der Millionen von Menschen
infizierte und über einen Zeitraum von drei
Monaten langsam und schmerzhaft aus dem
Körper gezogen werden muss. 2001 war die
Infektionsrate um 98 Prozent zurückgegangen;
80 Prozent der verbliebenen Fälle traten im
sudanesischen Kriegsgebiet auf.

Der US-Präsident Franklin D. Roosevelt gründete eine Organisation, die ein Heilmittel gegen Polio finden sollte, und glaubte, dass es möglich wäre, Polio auszurotten, wenn jeder Amerikaner nur einen »Dime«, zehn Cent, spendete. Aufgrund dieses Mottos ist sein Gesicht seit seinem Tod 1945 auf den 10-Cent-Münzen abgebildet, und die Organisation wurde in »March of Dimes« umbenannt.

Als Forscher ein Heilmittel aus Zwiebeln und Knoblauch nach einem tausend Jahre alten Rezept aus einem angelsächsischen Manuskript anrührten, stellten sie fest, dass es 90 Prozent der antibiotikaresistenten Staphylokokkenbakterien (MRSA) abtötete.

Ein dreißig Minuten langer Kuss kann die Auswirkungen allergischer Reaktionen bei atopischen und allergischen Patienten reduzieren.

Der Quacksalber John R. Brinkley ersetzte Anfang des 20. Jahrhunderts die Hoden von 16 000 impotenten Männern durch Ziegenhoden.

Wenn man jemandem kaltes Wasser ins Ohr gießt, bewegen sich die Augen automatisch in Richtung des anderen Ohres. Gießt man der Person warmes Wasser ins Ohr, bewegen sich die Augen auf dieses Ohr zu.

Durch Pornographie ausgelöste Erektionsstörungen sind ein zunehmendes Problem unter jungen Männern.

1976 kam es in Los Angeles zu einem Streik der Ärzte – und die Anzahl der Todesfälle in der Stadt sank um 18 Prozent.

Inés Ramirez Pérez, eine Frau aus der mexikanischen Provinz Oaxaca, führte mit nur wenigen Gläsern Tequila als Betäubung einen Kaiserschnitt an sich selbst durch.

Diane Van Deren, eine der besten Ultramarathonläuferinnen der Welt, kann keine neuen Erinnerungen bilden, was sie als Vorteil bezeichnet, weil sie bei Läufen nie weiß, wie weit das Ziel noch entfernt ist.

1988 brachte eine Afrikanerin, die ohne Vagina geboren wurde, ein Kind zur Welt. Anscheinend war sie 278 Tage zuvor wegen einer Stichverletzung behandelt worden, nachdem ihr ehemaliger Geliebter sie mit ihrem neuen Freund erwischt hatte. Irgendwie war Sperma an das Messer gelangt, das in ihren Bauch eindrang, und sie wurde schwanger.

Vor deutschen Altersheimen gibt es falsche Bushaltestellen, um die Bewohner vom Weglaufen abzuhalten.

1984 küsste Papst Johannes Paul II. mehrere Leprakranke auf die Stirn, um zu beweisen, dass Lepra nicht so ansteckend ist, wie viele Leute glaubten.

Eine Frau in Memphis im US-Bundesstaat Tennessee ist der einzige Mensch auf der Welt, der an einer Krankheit leidet, bei der aus jedem Haarfollikel des Körpers Fingernägel wachsen.

Eine an Polio erkrankte Frau überlebte 58 Jahre lang durch eine Eiserne Lunge, starb schließlich aber, als sich das Gerät durch einen Stromausfall abschaltete.

Die Zeitschrift *Continuum* wurde einzig mit der Absicht gegründet, die Existenz von AIDS zu leugnen. Sie wurde eingestellt, nachdem alle Redakteure an den Folgen ihrer AIDS-Erkrankung verstorben waren.

In Japan wurde 2008 eine Obergrenze für den Leibesumfang aller Männer des Landes festgelegt: 85 Zentimeter.

In Goa kämpfen die Gesundheitsbehörden gegen die weitverbreiteten »Schweinetoiletten« an – das Füttern von Schweinen mit menschlichen Exkrementen.

Das Schnurren einer Katze kann ihre Knochendichte erhöhen und dafür sorgen, dass sie sich schneller von Verletzungen erholt.

Sekundenkleber kann Wunden heilen und rettete im Vietnamkrieg vielen US-Soldaten das Leben.

1883 entstand in Deutschland das weltweit erste allgemeine Gesundheitssystem.

Daniel Kish ist blind und orientiert sich per Echoortung, wenn er mit dem Fahrrad im Straßenverkehr unterwegs ist.

1989 brachte eine Frau, die seit 107 Tagen künstlich am Leben gehalten wurde, ein Kind zur Welt.

Der Highschool-Schüler Randy Gardner aus San Diego blieb 1964 elf Tage am Stück wach. Damit hält er unangefochten den Weltrekord.

In Portugal ist jeder Bürger automatisch Organspender.

Ein vierzigjähriger Mann verspürte aufgrund eines Gehirntumors plötzlich pädophile Tendenzen. Als der Tumor entfernt wurde, verschwand auch der Trieb.

In den ersten drei Wochen nach der Zeitumstellung im Oktober ist das Risiko, einen schweren Herzinfarkt zu erleiden, um 4 Prozent höher als sonst.

König Zogu I. von Albanien rauchte 225 Zigaretten am Tag und überlebte 55 Attentate.

Bei Rothaarigen sind 20 Prozent mehr Betäubungsmittel notwendig, um sie in Narkose zu versetzen, als bei Menschen mit anderer Haarfarbe.

US-amerikanische Familien geben im Schnitt mehr Geld für Softdrinks aus als für Wasser.

Shaolin-Mönche trainierten, harte Schläge auf die Hoden auszuhalten, indem sie sich schwere Gegenstände an den Hodensack hängten und sie mit sich herumtrugen.

Sperma enthält ein natürliches Antidepressivum.

Kaltes Wetter verbrennt mehr Kalorien und lindert Entzündungen.

Nur 5 bis 10 Prozent der Menschen, die wiederbelebt werden, überleben.

Ein niedriger Cholesterinspiegel wird in mehreren Studien mit Gewalttätigkeit, Aggressivität und Suizid in Verbindung gebracht.

Dopaminerge Medikamente, die verändern, wie der Körper Dopamine bildet und auf sie reagiert, werden gegen eine große Zahl von Leiden eingesetzt, darunter das Restless-Legs-Syndrom und Alzheimer. Zu den Nebenwirkungen zählt eine Neigung zum zwanghaften Glücksspiel. Obwohl diese Nebenwirkung nicht gänzlich erforscht ist, glaubt man, dass sie im Belohnungszentrum des Gehirns ausgelöst wird, das die chemische Verbindung Dopamin freisetzt.

Die vermehrte Verwendung von Verhütungsmitteln durch Frauen, die die Wechseljahre bereits hinter sich haben, soll für die geringere Anzahl von vaginalen Erkrankungen verantwortlich sein.

Das größte innere Organ ist der Dünndarm. In voller Länge erstreckt er sich über mehr als sechs Meter.

Die Fingernägel an langen Fingern wachsen schneller. Der Mittelfinger, der längste aller Finger, hat den stärksten Fingernagelwuchs.

Laut einer 2013 durchgeführten Studie des *Journal of Sexual Medicine* ist ein erigierter Penis im Schnitt 14,12 Zentimeter lang. An der Studie nahmen rund 1600 Männer teil.

Die Klitoris verfügt über 8000 Nervenenden, mehr als doppelt so viele wie der Penis.

Statistisch betrachtet finden die meisten Herzinfarkte an einem Montag statt. Obwohl die Gründe dafür nicht ganz klar sind, halten viele Leute den Stress zu Beginn der Arbeitswoche für verantwortlich.

Man kann sich nicht selbst durch Kitzeln zum Lachen bringen. Das durch Kitzeln erzeugte Lachen lässt sich nur durch einen externen Reiz auslösen.

Nervenimpulse im Gehirn breiten sich mit einer Geschwindigkeit von etwa 270 km/h aus.

Angst regt beim Menschen die Produktion von Ohrenschmalz an. Der Grund dafür ist unbekannt.

Menschen sind die einzigen bekannten Lebewesen, die emotional bedingt Tränen produzieren.

Frauen verbrennen durchschnittlich 50 Kalorien weniger am Tag als Männer, auch wenn man die unterschiedliche Körperaktivität einberechnet.

Salzsäure, die sich auch im Magen befindet, ist stark genug, um rostfreien Stahl zu zersetzen.

»Philtrum« ist die anatomische Bezeichnung für das Grübchen zwischen Oberlippe und Nase.

Ein Mensch verliert im Schnitt 60 bis 100 Haarfollikel am Tag. Die genaue Zahl hängt vom Alter, der Gesundheit, der Ernährung und dem Geschlecht ab.

Fingernägel wachsen viermal schneller als Zehennägel.

Der erste und zweite Weihnachtstag und Neujahr sind die Tage, an deren die meisten Herzinfarkte auftreten.

Frauenherzen schlagen in der Regel schneller als Männerherzen. Das liegt daran, dass Frauen meist kleiner sind und deshalb weniger Körpermasse mit Blut versorgen müssen. Außerdem haben Männer tendenziell größere Arterien. Der Unterschied zwischen Frauen- und Männerherzen ist ausgeprägt genug, dass er bei der Behandlung von Herz-Kreislauf-Erkrankungen beachtet werden muss.

An unsere Leber denken wir meist nur, nachdem wir ordentlich gebechert haben, doch sie übernimmt über 500 lebenswichtige Funktionen. Sie entgiftet den Körper nicht nur, sondern zersetzt auch beschädigte rote Blutkörperchen und trägt zur Bildung bestimmter Proteine bei – um nur ein paar ihrer Aufgaben zu nennen.

Der linke Lungenflügel ist etwas kleiner als der rechte, um Platz für das Herz zu lassen.

Wenn ein kranker Mensch hustet, können sich die Keime mit knapp 100 km/h durch den Raum ausbreiten.

Menschen furzen durchschnittlich 14-mal am Tag.

Die größte einzelne Zelle im menschlichen Körper ist die Eizelle, die kleinste das Spermium.

Rund jedes zweitausendste Baby wird mit mindestens einem Zahn im Mund geboren.

Neugeborene haben meist eine helle Augenfarbe, weil es eine Zeit dauert, bis der Körper Melanin und andere Augenpigmente produziert. Es ist nicht ungewöhnlich, dass ein Baby bei der Geburt grüne oder blaue Augen hat, die ein paar Wochen später braun werden.

Schon nach drei Monaten im Mutterleib entwickelt sich der einzigartige, lebenslang bestehende Fingerabdruck.

Nur etwa ein Drittel der Weltbevölkerung verfügt über eine uneingeschränkte Sehkraft.

Haare und Fingernägel wachsen entgegen der langjährigen Ansicht nicht weiter, wenn ein Mensch gestorben ist. Dieser Mythos entstand, weil der Körper nach dem Tod austrocknet und die Haut sich zusammenzieht, was dazu führt, dass ein größerer Teil der Haarwurzeln und der Fingernägel freigelegt wird.

Unser Geschmackssinn lässt mit dem Alter nach. Mit sechzig haben die meisten Menschen nur noch etwa halb so viele Geschmacksknospen wie als Kind.

Babys kommen mit rund 300 Knochen zur Welt. Doch da einige von ihnen mit der Zeit zusammenwachsen, haben Erwachsene im Schnitt nur noch 206 Knochen. Etwa ein Viertel davon befindet sich in den Füßen.

Wir sind morgens ungefähr einen Zentimeter größer als abends. Tätigkeiten wie Laufen und Sitzen drücken unser Knorpelgewebe zusammen. Nachts dehnt es sich dann wieder aus, und wir wachen etwas größer auf, als wir beim Zubettgehen waren.

Für jeden einzelnen Schritt werden etwa 200 Muskeln im Körper betätigt.

Manchen Messungen zufolge leben auf jedem Zentimeter Haut mehr als 12,5 Millionen Bakterien.

Neben einem einzigartigen Fingerabdruck verfügt jeder erwachsene Mensch auch über einen einzigartigen Zungenabdruck.

In unserem Körper befindet sich genügend Eisen, um daraus eine kleine Münze zu formen.

Die weltweit am meisten verbreitete Blutgruppe ist o. Dieses Blut kann auch an Menschen mit Blutgruppe A oder B übertragen werden. Am seltensten ist die Blutgruppe o_h, die sogenannte Bombay-Blutgruppe, die wohl nur ein paar tausend Menschen besitzen.

Die Gänsehaut ist vermutlich ein Überbleibsel aus alten Zeiten, als Menschen noch stärker behaart waren.

Während der Lebenszeit eines Menschen erneuert sich die Haut insgesamt etwa 900-mal.

In den frühen Tagen der Zahnmedizin stammten eingesetzte Zähne oft von gefallenen Soldaten.

Bis vor kurzem glaubten Wissenschaftler, dass im erwachsenen Gehirn keine neuen Hirnzellen mehr gebildet werden könnten. Diese Annahme beruhte auf der Tatsache, dass sich Nervenzellen, im Gegensatz zu Leber- oder Knochenzellen, nicht wie die meisten anderen Zellen teilen und vermehren. Doch Nervenzellen können sich durchaus neu bilden – aus Stammzellen.

Giles Brindley, ein Arzt, der sich mit Erektionsstörungen auseinandersetzte, ließ 1983 bei einer Konferenz der Urodynamik-Gesellschaft in Las Vegas die Hosen runter, um seinen erigierten Penis zu zeigen und so zu beweisen, dass seine experimentelle Behandlung erfolgreich war.

Margaret Sanger, Frauengesundheitsaktivistin und Gründerin der Organisation Planned Parenthood, musste 1917 für einen Monat ins Gefängnis, weil sie im New Yorker Stadtteil Brooklyn eine Klinik für Familienplanung und Geburtenkontrolle eröffnet hatte.

Grüner Tee enthält Catechine, die nachweislich den Blutzuckerspiegel stabilisieren und den Appetit verringern.

Jonas Salk, der Entwickler des Polio-Impfstoffs, weigerte sich, ein Patent dafür anzumelden, weil er wollte, dass der Stoff allgemein zugänglich ist. Auf Nachfrage antwortete er: »Es gibt kein Patent. Kann man sich die Sonne patentieren lassen?«

Lachen stärkt das Immunsystem, verbrennt Kalorien und reduziert die Stresshormone – es handelt sich also um eine sehr gesunde Tätigkeit.

18 bis 35 Prozent der Bevölkerung sind vom photischen Niesreflex (dem ACHOO-Syndrom) betroffen. Sie müssen häufiger als andere niesen, wenn sie hellem Licht ausgesetzt sind. Der Erste, der über diesen Effekt schrieb, war Aristoteles im Jahr 350 v. Chr.

25 Prozent aller Todesfälle in den USA gehen auf Herzerkrankungen zurück, was diese zum Killer Nr. 1 macht. Krebs liegt mit 23 Prozent knapp dahinter.

Die Lebenserwartung eines 2007 in den USA geborenen Kindes liegt bei 77,9 Jahren.

Der Geruchssinn von Frauen ist tendenziell besser ausgebildet als der von Männern. Das ist schon bei der Geburt so und verändert sich im Lauf des Lebens nicht.

Bei Männern wächst die Gesichtsbehaarung schneller als alle anderen Haare auf dem Körper.

Zu viel essen setzt vorübergehend die Hörfähigkeit herab.

Männer bekommen häufiger Schluckauf als Frauen.

Der Kieferknochen ist der härteste Knochen im menschlichen Körper.

Deutsche Frauenrechtlerinnen schicken Drohnen mit Tabletten, die eine ungefährliche Abtreibung auslösen, ins Nachbarland Polen. In Deutschland sind diese Medikamente legal, doch im eher katholischen Polen gelten strikte gesetzliche Regeln gegen Abtreibung.

Bei Frauen, die stark unter PMS leiden, ist die Wahrscheinlichkeit, dass sie später Bluthochdruck bekommen, um 40 Prozent erhöht.

Der US-amerikanische Moderator Montel Williams musste sich als junger Marinesoldat einer beidseitigen Brustamputation unterziehen, nachdem Ärzte einen Knoten in seiner Brust gefunden hatten, der sich schließlich als gutartig herausstellte.

Wissenschaftler können voraussagen, welche Anti-Rauch-Kampagnen am wirkungsvollsten sein werden, indem sie sich die Gehirn-Scans von Rauchern beim Betrachten der Kampagnen anschauen.

Obwohl man bei Treffen der Anonymen Alkoholiker viele Kettenraucher antrifft, ist die Wahrscheinlichkeit, dass Alkoholiker einen Rückfall erleiden, nur halb so hoch, wenn sie gleichzeitig mit dem Rauchen aufhören.

In den USA sind die Überlebenschancen bei Gebärmutterhalskrebs durch die Einführung des Affordable Care Acts (bekannt unter der Bezeichnung »Obamacare«) gestiegen. Bei dieser Art der Krebserkrankung ist es entscheidend, wann sie entdeckt wird, und die erhöhte Anzahl von Vorsorgeuntersuchungen hat zu mehr Früherkennungen geführt.

Die zunehmende Verbreitung von Flachbildschirmen hat zu einem Anstieg von Kopf- und Halsverletzungen bei Kindern geführt. Die dünnen Geräte kippen schneller um.

Beim Supermodel Christy Turlington wurde mit 31 Jahren ein Lungenemphysem festgestellt. Sie hatte seit ihrem 16. Lebensjahr ein Jahrzehnt lang jeden Tag eine Schachtel Zigaretten geraucht.

Das »Repository for Germinal Choice« war eine Samenbank, die nur Spenden von tatsächlichen und »potentiellen zukünftigen« Nobelpreisträgern annahm. Die Auswahlkriterien für die Empfängerinnen waren weniger streng, sie durften aber nicht homosexuell sein. Allerdings gab nur ein Nobelpreisträger tatsächlich eine Samenspende ab, und der Gründer des Unternehmens bekam statt des Nobelpreises als erster Mensch den Ig-Nobel-Preis verliehen.

Forscher haben ermittelt, dass Fluchen Schmerzen lindert.

Ärzte empfehlen, zweimal zu schniefen, um einem Ohnmachtsanfall vorzubeugen.

Achterbahnfahrten lindern die Symptome von Asthma.

Ein Mann fand über eine Anzeige auf Craigslist, einer Webseite für Kleinanzeigen, eine Niere für seine Frau. Der Spender sagte, er habe die Anzeige auf der Suche nach Baumaterialien zufällig entdeckt.

Der französische Arzt René Laënnec erfand 1816 das Stethoskop, weil eine seiner Patientinnen so übergewichtig war, dass er ihren Herzschlag nicht hören konnte.

1994 verlor Joycelyn Elders, die damalige Leiterin des öffentlichen Gesundheitsdienstes der USA, ihre Stelle, weil sie sich für die Legalisierung von Drogen aussprach und Selbstbefriedigung als natürlichen Aspekt der Sexualität bezeichnete.

Louis Pasteur, der französische Mikrobiologe, der unter anderem die Pasteurisierung entwickelte, arbeitete in den 1880er Jahren an einer Impfung gegen Tollwut. Während dieser Zeit bewahrte er eine geladene Pistole im Labor auf und ordnete an, dass man ihm oder seinen Mitarbeitern im Fall einer Infektion mit dem Virus sofort in den Kopf schießen sollte.

2005 sorgte ein Programmierfehler im beliebten Multiplayer-Online-Rollenspiel *World of Warcraft* dafür, dass eine virtuelle Seuche Figuren im Spiel dahinraffte. Der Vorfall weckte sowohl das Interesse von Epidemiologen, die ihn als Modell dafür betrachteten, wie die Gesellschaft auf ein ähnliches Ereignis im wahren Leben reagieren könnte, als auch das von Terrorismus-Experten, die vor allem die Spekulationen faszinierten, hinter der Seuche stecke eine Gruppe böswilliger Hacker.

Myrtle Corbin, die im 19. Jahrhundert in Tennessee lebte, litt am sogenannten Doppelsteiß, unterhalb der Taille hatte sie alles doppelt. Sie wurde 60 Jahre alt und brachte fünf Kinder zur Welt.

Eine gute Körperhaltung aufrechtzuerhalten kann bis zu 350 Kalorien am Tag verbrennen.

Der Schmerz, den das Ausscheiden eines Nierensteins verursacht, soll schlimmer sein als der bei einer Entbindung oder einer Schussverletzung.

2005 kam ein 13 Jahre altes Baby zur Welt. Es war als Embryo kryogenisch eingefroren, von einer betrügerischen Fruchtbarkeitsklinik verkauft, wieder aufgespürt und dann endlich in die Mutter eingepflanzt worden.

Im amerikanischen Bürgerkrieg war chronischer Durchfall aufgrund von verschiedenen Krankheiten und Infektionen die Haupttodesursache unter den Soldaten auf beiden Seiten, und es galt als Ehrensache, niemanden zu erschießen, der gerade seinen Darm entleerte.

Die Operation INFEKTION war eine Desinformationskampagne des KGB, die Menschen in der Dritten Welt glauben machen sollte, bei AIDS handle es sich um eine von den Vereinigten Staaten erschaffene und verbreitete Krankheit.

Herzkrebs tritt extrem selten auf. Das liegt daran, dass sich die Herzzellen schon früh im Leben nicht weiter teilen, unkontrollierte Zellteilung jedoch ein elementarer Bestandteil der Krebserkrankung ist.

Der älteste Mensch aller Zeiten, eine Frau namens Jeanne Calment, rauchte zwischen dem 21. und dem 117. Lebensjahr Zigaretten. Sie hörte erst fünf Jahre vor ihrem Tod mit 122 auf.

Defibrillatoren werden dazu eingesetzt, den natürlichen Herzschlag zu korrigieren, nicht zur Wiederbelebung, wie es in Film und Fernsehen oft zu sehen ist.

Menschen, die sich einer heterotopen Prozedur unterzogen haben, tragen zwei Herzen in der Brust, ein totes und ein lebendiges.

Laut einer Studie der Rutgers University verringern Oralsex und das Schlucken von Sperma das Risiko einer Präeklampsie, den gefährlichen Bluthochdruck, der manchmal mit einer Schwangerschaft einhergeht.

Die Kieferbewegungen beim Sprechen und Kauen beugen der Bildung von Ohrenschmalz vor.

Die sechzigjährige Sharon Thornton wurde von ihrer Blindheit geheilt, indem Ärzte ihr einen Teil eines ihrer Eckzähne ins Auge einsetzten. In den Zahn wurde eine spezielle Linse eingebaut, durch die sie wieder sehen kann.

Der US-Bundesstaat North Carolina sterilisierte zwischen 1929 und 1974 etwa 7600 Menschen, meist gegen ihren Willen, um die Verbreitung von Geisteskrankheiten und sozialen Störungen einzudämmen. Unter den Sterilisierten waren 2000 Kinder, und bei mindestens zweien von ihnen war Selbstbefriedigung der Grund für den Eingriff.

Ein adipöser, 27 Jahre alter Mann nahm während eines 382 Tage andauernden, von Ärzten überwachten Fastens 125 Kilogramm ab, ohne medizinische Komplikationen zu erleiden.

Manche Ärzte glauben, dass es für das Immunsystem von Vorteil sein könnte, das eigene Nasensekret zu essen.

 **K**omapatienten verspüren nach dem Aufwachen oft den Drang, sich selbst zu befriedigen.

Zum Düngen von Tabakpflanzen wird oft radioaktives Apatit eingesetzt, und wer ein Jahr lang täglich eine Schachtel Zigaretten raucht, ist dadurch derselben Menge radioaktiver Strahlung ausgesetzt, als würde man ihm im gleichen Zeitraum 2000-mal den Oberkörper röntgen.

Die USA geben einen größeren Prozentsatz ihres Staatshaushaltes für die Gesundheitsversorgung aus als manche Länder, die ihr Gesundheitswesen komplett aus staatlichen Mitteln finanzieren.

1997 kamen 685 japanische Kinder ins Krankenhaus, weil eine besonders heftige Folge *Pokémon* massenhaft zu Erbrechen, Schwindel und Krampfanfällen geführt hatte.

Krista und Tatiana Hogan sind siamesische Zwillinge, die am Thalamus zusammengewachsen sind. Sie können die Gedanken der jeweils anderen hören und durch die Augen der anderen sehen.

Tee aus Bananenschalen enthält eine Vorstufe von Serotonin und kann schlaffördernd wirken, Depressionen lindern und das Verlangen nach ungesunden Lebensmitteln verringern.

Eine Beschränkung der Kalorienzufuhr hat bei Mäusen und Ratten zu einer bedeutenden Verlangsamung des Alterungsprozesses geführt.

Bei der Verbreitung von Laktoseintoleranz gibt es je nach Ethnizität und Herkunft der untersuchten Menschen entscheidende Unterschiede. So vertragen beispielsweise 90 bis 100 Prozent der Ostasiaten keine Laktose, während es unter den Briten nur 5 bis 15 Prozent sind.

Zu den führenden Ursachen für akutes Leberversagen zählt in den USA eine Überdosis Paracetamol.

Wenn der Darm komplett verstopft, ist es möglich, dass man Kot erbricht.

Das Salt Institute ist eine politische Gruppierung, die sich für die »Freiheit von Salz« einsetzt.

Die Herzklappe eines erwachsenen Menschen ist in etwa so groß wie eine 2-Euro-Münze.

2010 ernährte sich Mark Haub, Professor für Ernährungswissenschaft an der Kansas State University, zehn Wochen lang von Twinkies, einem süßen Fertiggebäck, um zu zeigen, dass Gewichtsverlust auf verringerte Kalorienzufuhr zurückzuführen ist, nicht auf gesunde Ernährung. Er nahm über zwölf Kilo ab.

Neun der zehn schwersten Menschen, die je gewogen wurden, lebten in den USA.

In Oregon können unheilbar kranke Patienten, denen nur noch maximal sechs Monate zu leben bleiben, von ihrem Arzt ein Rezept für ein tödliches Medikament erhalten, um Selbstmord zu begehen.

1518 trat im Elsass eine Tanzkrankheit auf, aufgrund deren 400 Menschen vier bis sechs Tage lang am Stück tanzten, bis sie zusammenbrachen. Viele von ihnen starben an Herzinfarkten, Schlaganfällen oder Erschöpfung.

Unsere Füße können pro Tag gut einen halben Liter Schweiß absondern.

Wer in einem luftdicht verschlossenen Raum eingesperrt wird, stirbt an Kohlenmonoxidvergiftung, bevor das Gehirn wegen Sauerstoffmangel aussetzt.

Ein Fiepen in den Ohren nennt sich Tinnitus. Es wird meist durch Lärm ausgelöst und geht bei vielen Leuten nicht mehr weg. Das Geräusch wird oft als extrem störend empfunden, 45 Prozent der Menschen, die es dauerhaft hören, leiden an Angstzuständen und Depressionen.

Als »Giggle-Inkontinenz« bezeichnet man das versehentliche Urinieren beim Kichern oder Lachen. Wissenschaftler halten dieses Phänomen für eine Art Kataplexie, ein kurzzeitiges Nachlassen der Muskelspannung durch starke Emotionen.

Gut zwei Jahre nachdem Madeline Mitchell zwölf Tage im Koma gelegen, 21 Tage an einem Beatmungsgerät gehangen und zwei Monate mit einem zwölffachen Oberschenkelbruch im Rollstuhl gesessen hatte, wurde sie zur Miss Alabama gekürt.

Wenn Eltern ihre Kinder anweisen, den Teller leer zu essen, kann das bewirken, dass die Kleinen ihr natürliches Hungergefühl ignorieren lernen und später Probleme mit Übergewicht bekommen.

Orgasmen verringern bei Männern das Risiko, an Prostatakrebs zu erkranken. 2003 und 2004 ergaben zwei wegweisende Studien, dass die Anzahl der Erkrankungen bei Männern mittleren Alters, die angaben, in der Zeit zwischen ihrem zwanzigsten und fünfzigsten Geburtstag mindestens vier Orgasmen pro Woche gehabt zu haben, um 25 Prozent niedriger lag als bei Männern, die im gleichen Zeitraum weniger Orgasmen gehabt hatten.

1962 brach in einer Gegend, die heute zu Tansania gehört, eine Epidemie unkontrollierten Gelächters aus. Ausgangspunkt war eine Gruppe Schülerinnen, doch das Phänomen breitete sich auf benachbarte Dörfer aus. Es dauerte sechs Monate an, sorgte für Schulschließungen und betraf insgesamt 1000 Personen.

Bestimmte Regionen des weiblichen Gehirns wachsen in den Monaten nach einer Entbindung.

Das menschliche Herz pumpt jede Minute mehr als 5,5 Liter Blut.

Das Anton-Syndrom ist eine seltene Erkrankung, bei der Blinde nicht erkennen, dass sie blind sind, und ständig behaupten, sie könnten sehen, das Problem auf schwache Beleuchtung schieben oder andere Erklärungen vorbringen, statt sich ihre Blindheit einzugestehen.

1980 entließ ein Krankenhaus in Las Vegas eine Reihe von Mitarbeitern, die regelmäßig darauf gewettet hatten, wann ein todkranker Patient sterben würde.

Bei einem Asthmaanfall hilft es, Kaffee zu trinken, weil Koffein wie ein Bronchodilator wirkt und die Atemwege weitet.

»Orthorexia nervosa« bezeichnet eine Essstörung, bei der die Betroffenen von gesunder Ernährung besessen sind. Sie glauben oft, dass frei verkäufliche Nahrungsmittel zu viele schädliche Pestizide oder schlechte Kalorien enthalten, und hungern deshalb.

Auf den Wimpern von
80 Prozent aller Menschen
über sechzig leben Milben.

Neun von zehn Menschen fühlen sich besser, nachdem
sie geweint haben. Die Hormone und Mineralstoffe, die
durch emotionsbedingte Tränen ausgeschüttet werden,
tragen zur Regulierung vieler Körperfunktionen bei. Deshalb empfehlen manche Forscher bewusst ausgelöstes
Weinen als Therapieform.

In Großbritannien werden Monats-
hygieneprodukte für Frauen als
Luxusware besteuert, Rasierklingen
für Männer und Krokodilfleisch
hingegen nicht.

Wissenschaftler glauben, dass ein Diabetesme-
dikament Menschen zu einem deutlich längeren Leben verhelfen könnte – vielleicht würden
so viele über 120 Jahre alt.

Die ersten Herzschrittmacher mussten an
Steckdosen angeschlossen werden. Vor kurzem
haben Wissenschaftler eine dünne, elektri-
fizierte Membran entwickelt, die das Herz von
allein schlagen lässt.

Inspiriert von der weitverbreiteten Legende, dass deutsche Mönche in der Fastenzeit nur Bier getrunken hätten, wollte ein Bier-Fan herausfinden, ob er 46 Tage lang nur von seinem Lieblingsgetränk leben könne. Das gelang ihm, und er fühlte sich nach eigener Aussage hinterher deutlich jünger und war mehr als zehn Kilo leichter.

Das Brummton-Phänomen tritt an bestimmten Orten auf der ganzen Welt auf und wird nur von einem Bruchteil der Bevölkerung wahrgenommen. Es handelt sich um einen niederfrequenten Ton zwischen 32 und 80 Hertz, der im Vereinigten Königreich schon mindestens drei Selbstmorde ausgelöst haben soll.

Eine wegweisende Studie hat entgegen früheren Auffassungen nur wenige strukturelle Unterschiede zwischen Männer- und Frauengehirnen festgestellt. Obwohl es bestimmte Bereiche gibt, die als typisch männlich oder typisch weiblich gelten, besteht das Gehirn der meisten Menschen aus einem Mosaik männlicher und weiblicher Merkmale.

Darmbakterien sind ein möglicher Verursacher von rheumatoider Arthritis. Sie können das Immunsystem dazu bringen, die Gelenke anzugreifen. Außerdem werden sie mit Fettleibigkeit, Allergien und Depressionen in Verbindung gebracht.

Viele Ärzte verabschieden sich vom traditionellen weißen Kittel. Die langen Ärmel verschmutzen leicht, und Studien haben ergeben, dass die Kittel selten gewaschen werden. Doch einige Ärzte sträuben sich gegen die Abschaffung, da sie sagen, die Kittel flößten den Patienten Vertrauen ein.

Die beliebten Energydrinks steigern nachweislich das Herzinfarktrisiko.

In fast jeder demographischen Gruppe ist die Lebenserwartung im letzten Jahrzehnt gestiegen, die einzige Ausnahme sind weiße US-Amerikaner mittleren Alters. Als Ursachen gelten die erhöhte Selbstmordrate und Drogenmissbrauch.

Eine Analyse von wissenschaftlichen Aufsätzen ergab, dass viele Forscher die Texte, die sie zitieren, nicht lesen: 2,4 Prozent der Zitate wurden als kritisch eingestuft.

Bei Frauen in Machtpositionen erhöht sich der Testosteronspiegel, und er steigt ebenfalls, selbst wenn sie nur spielen oder vorgeben, Macht zu haben.

Der Magen eines Menschen fasst im Schnitt drei Liter Nahrungsmittel und Flüssigkeit. Füllt man ihn mit mehr als der Maximalmenge von fünf Litern, platzt er.

Insulin lässt den Dopaminspiegel um bis zu 55 Prozent ansteigen, was erklärt, warum der Konsum von Zucker glücklich macht. Es gibt Hinweise auf eine Verbindung zwischen Insulinresistenz und Depressionen.

Wir scheiden jeden Tag im Schnitt 85 bis 225 Gramm Kot aus.

Eine über einen Zeitraum von 15 Jahren durchgeführte französische Studie ermittelte, dass BHs nichts bringen. Im Gegenteil: Das Tragen eines BHs könnte sogar dazu beitragen, dass Brüste hängen.

⌐ ¯GESUNDHEIT & MEDIZIN¯ ¯ ¯ ¯ ¬

1. Achterbahnfahrten lindern was?
   a. Kopfschmerzen
   b. eine verstopfte Nase
   c. die Symptome von Asthma
   d. Stress

2. Welche Fähigkeit wird vorübergehend herabgesetzt, wenn man zu viel isst?
   a. die Hörfähigkeit
   b. die Entscheidungsfähigkeit
   c. die Geruchsfähigkeit
   d. die Sehfähigkeit

3. Wie oft furzt ein Mensch täglich im Schnitt?
   a. 25-mal
   b. 5-mal
   c. 14-mal
   d. 100-mal

4. Was stoppt die Blutung, wenn man es auf eine offene Wunde gibt?
   a. Vaseline
   b. Rohzucker
   c. Salz
   d. Wasser

Auflösung: 1. C; 2. A; 3. C; 4. B

 PSYCHOLOGIE

Sarkasmus fördert die Kreativität.

Wer lange aufbleibt, leidet öfter
unter Albträumen als Leute, die früh
schlafen gehen.

Männer träumen häufiger von Sex als Frauen.
Frauen haben mehr Albträume als Männer.

Gähnen ist im Normalfall ziemlich ansteckend – das gilt
jedoch nicht für Psychopathen.

Leute, die regelmäßig Videospiele spielen, sind
eher in der Lage zu steuern, was sie träumen.

Bewohner von Regionen mit gutem Wetter und schöner
Landschaft sind tendenziell weniger religiös.

Weiße Christen machen nicht länger die
Mehrheit der US-amerikanischen Bevölkerung
aus, sie stellen nur noch 46 Prozent.

Die am häufigsten gesprochene Sprache nach Englisch
und Spanisch ist in 16 US-Bundesstaaten Deutsch, in Mi-
chigan Arabisch, in Illinois Polnisch und in South Dakota
tatsächlich Dakota.

In drei US-Bundesstaaten (Texas, Arkansas und Wyoming) sind die reichsten Bürger Mitglieder der Familie Walton, der Walmart gehört. Die Familie hat so viel Geld wie die ärmsten 42 Prozent der US-Amerikaner zusammen.

North Dakota ist der einzige US-Bundesstaat, in dem der reichste Bewohner kein Milliardär ist.

Forschungen haben ergeben, dass sich eine Speise in den USA um 27 Prozent besser verkauft, wenn sie auf der Speisekarte als »fancy«, also als »Delikatesse«, ausgezeichnet ist.

18- bis 34-jährige US-Amerikaner verbringen monatlich 25,7 Stunden auf Facebook, sieben Stunden auf Instagram, 5,9 Stunden auf Snapchat, 5,7 Stunden auf Tumblr und 3,5 Stunden auf Twitter.

Reiche neigen stärker dazu, Fußgängerüberwege zu ignorieren und andere Autos auszubremsen.

An Montagen begehen mehr Menschen Selbstmord als sonst.

Laut den Vereinten Nationen richten sich 95 Prozent der Online-Beleidigungen gegen Frauen.

Forscher haben analysiert, wie sich das Lächeln auf Jahrbuch-Fotos verändert hat. Um die Jahrhundertwende des 20. Jahrhunderts schauten viele der Schüler und Studenten neutral in die Kamera (ein Gesichtsausdruck, der sich während der langen Belichtungszeit in den frühen Tagen der Fotografie besser beibehalten ließ). Frauen lächeln ab den 1960er Jahren, während es bei Männern erst in den 1990er Jahren verbreitet ist.

Finnland, Norwegen und Schweden gelten unter Wirtschaftswissenschaftlern als die besten Länder für berufstätige Frauen. Polen folgt auf dem vierten Platz hinter den skandinavischen Ländern, während die USA nur auf Platz 17 kommen.

Die meisten Tränen fließen abends. Am häufigsten geweint wird zwischen 18 und 20 Uhr.

Als »Gruen-Transfer« bezeichnet man das Gefühl, das sich einstellt, wenn man ein Einkaufszentrum betritt und durch den absichtlich verwirrenden Aufbau so durcheinandergebracht wird, dass man vergisst, was man eigentlich kaufen wollte.

36 Prozent der japanischen Männer haben nicht das geringste Interesse an Sex.

Einsamkeit ist ein ebenso großes Gesundheitsrisiko wie Fettleibigkeit. Studien haben ergeben, dass Einsamkeit das Sterberisiko um 26 Prozent erhöht.

Männer konsumieren mehr Essen vor den Augen von Frauen als vor den Augen anderer Männer. Frauen verzehren im Allgemeinen im Beisein von Männern und Frauen die gleiche Menge, haben aber oft das Gefühl, sie hätten zu viel gegessen oder die Mahlzeit heruntergeschlungen, wenn Männer dabei sind.

Studien zeigen, dass Menschen, die abends länger aufbleiben, tendenziell klüger, fruchtbarer und sogar bessere Baseballspieler sind. Andererseits neigen Nachteulen stärker zu schlechten Angewohnheiten als Frühaufsteher und sind weniger glücklich.

Wer bei IQ-Tests gut abschneidet, traut anderen Menschen eher als jemand, der ein schlechtes Ergebnis erzielt. Eine Erklärung dafür ist, dass kluge Menschen andere besser einschätzen können und daher eher Beziehungen zu Menschen aufbauen, die sie nicht hintergehen.

Geht man von den Ergebnissen mehrerer Volkserhebungen aus, ist Illinois der durchschnittlichste Staat der USA.

Verheiratete Menschen sind glücklicher als unverheiratete.

Mathematiker haben errechnet, dass die Existenz von Vampiren statistisch unmöglich ist, weil sie die Menschheit innerhalb von drei Jahren dezimieren würden.

Viele introvertierte Menschen sind insgeheim Narzissten.

Ist eine Aussage in der Schriftart »Baskerville« gedruckt, neigen Menschen eher dazu, ihr zuzustimmen, als bei allen anderen Schriftarten.

In der Schweiz gibt es immer mehr Fälle von sexuellem Missbrauch von Pferden. Angeblich sollen etwa 10 000 Schweizer zoophile Tendenzen haben – d. h., sie fühlen sich sexuell von Tieren angezogen.

Die abgelegenste bewohnte Insel ist Tristan da Cunha, die einen Durchmesser von zwölf Kilometern hat und 2805 Kilometer von der südafrikanischen Stadt Kapstadt entfernt liegt. Sie gehört zum britischen Überseegebiet und hat weniger als 300 Einwohner, von denen die meisten hauptsächlich von der Landwirtschaft leben. Es gibt keinen Flughafen auf der Insel, nur eine Straße, und der Strom stammt aus Generatoren. Die Insel ist eigentlich ein Vulkan, der 1961 das letzte Mal ausbrach.

In Japan steigt die Selbstmordrate im März, zum Ende des Wirtschaftsjahres, sprunghaft an.

Die Anzahl der Waffen pro Kopf ist in den USA höher als überall sonst auf der Welt, selbst Kriegsgebiete wie Syrien und der Irak können nicht mithalten. Es gibt in den Vereinigten Staaten mehr Waffen als Menschen.

Manche Geschäfte setzen mittlerweile Gesichtserkennungssoftware ein, um Ladendiebe zu identifizieren.

Die Bewohner der USA sind weltweit am stärksten von Angstzuständen betroffen. Untersuchungen haben ergeben, dass 18 Prozent der Bevölkerung an Angststörungen leiden, was dieses Leiden zur häufigsten psychischen Erkrankung macht. Frauen sind generell häufiger davon betroffen als Männer.

Der durchschnittliche Facebook-Nutzer gibt täglich einen Dollar nur für die Datenmenge bei der Nutzung von Facebook aus. Währenddessen lebt ein Fünftel der Weltbevölkerung von weniger als einem Dollar am Tag.

Die häufigste Ursache für Lebensbeeinträchtigungen bei US-amerikanischen Erwachsenen unter 45 Jahren sind Depressionen.

Agoraphobie ist der Fachbegriff für Platzangst, bei der Menschen auf vollen öffentlichen Plätzen in Panik geraten oder Beklemmung verspüren. Der Begriff stammt von *agora* ab, dem griechischen Wort für »Marktplatz«.

In der Liste der Länder mit dem höchsten Kokainkonsum teilen sich die USA und Spanien den ersten Platz. Glücklicherweise ist der Konsum im letzten Jahrzehnt aber insgesamt stark zurückgegangen.

Aokigahara, ein dichter Wald in Japan, ist als Selbstmord-Ort berüchtigt. 2003 wurden dort die Leichen von 105 Menschen gefunden, von denen sich die meisten erhängt hatten.

Republikaner bevorzugen Politiker mit tiefen Stimmen.

Forschungen legen nahe, dass ein Grund für die prähistorischen Migrationsbewegungen Verrat war.

Eine der größten Städte der Welt ist nur etwa fünf Tage im Jahr bewohnt. Während der Hadsch nach Mekka wohnen jedes Jahr etwa drei Millionen Pilger in der Zeltstadt Mina in Saudi-Arabien. Außerhalb dieser Zeit liegt die Stadt quasi verlassen da.

Menschen zwischen 41 und 70 Jahren führen ihre berufliche Kommunikation eher per E-Mail als die sogenannten Digital Natives. Die 21- bis 40-Jährigen geben an, Gespräche von Angesicht zu Angesicht vorzuziehen.

Jugendliche sind heute glücklicher denn je, während die Erwachsenen im Alter zwischen 30 und 39 seit den 1970er Jahren immer unglücklicher werden. Wissenschaftler führen beide Entwicklungen auf das Internet zurück.

An jedem beliebigen Montag sind etwa eine Milliarde Nutzer bei Facebook eingeloggt.

E-Mails mit einer Aussage statt mit einer Frage zu beenden ist effizienter und führt insgesamt zu einer geringeren Anzahl an E-Mails.

Zwei Wirtschaftswissenschaftler haben den Zusammenhang zwischen Geld und Zufriedenheit untersucht und sind zu dem Schluss gekommen, dass sich Glück tatsächlich kaufen lässt.

Wir sind anscheinend besser darin, Buchstabenrätsel zu lösen, wenn wir auf dem Rücken liegen.

Wissenschaftler haben herausgefunden, dass »Weightless« von Marconi Union das entspannendste Lied aller Zeiten ist – es reduzierte die Unruhe der Testteilnehmer im Schnitt um 65 Prozent.

Forscher der University of Chicago haben ermittelt, dass in der Tasche steckende Kopfhörerkabel sich auf 120 verschiedene Weisen verknoten können.

Bei Männern, die regelmäßig mas-
turbieren, ist das Risiko, an Prostatakrebs zu erkranken, um 33 Prozent
geringer als bei Männern, die das
nicht tun.

Menschen neigen dazu, Leute mit starkem
Akzent aus Mitleid unbewusst nachzuahmen.

Wenn man Leuten Fakten vorlegt, die ihre Überzeugungen widerlegen, verstärkt das diese falschen Ansichten
tendenziell nur.

»**K**ryptomnesie« ist die Bezeichnung des
Phänomens, wenn man glaubt, selbst auf einen
Witz oder einen Gedanken gekommen zu sein,
obwohl man ihn anderswo gehört hat.

1964 brachte der Wissenschaftler Milton Rokeach drei
Schizophrene zusammen, die alle glaubten, Jesus Chris-
tus zu sein, um zu schauen, was passierte. Nach dem
Experiment seien die Patienten nicht von ihren Wahnvorstellungen geheilt gewesen, sagte Milton, »aber ich war
von der gottähnlichen Verblendung geheilt, ich könne
ihre Überzeugung wegmanipulieren.«

74 Prozent der Menschen berichten, sie hätten schon einmal eine Derealisationserfahrung gemacht, bei der sich die Realität wie ein Traum anfühlt.

Prinzessin Alexandra Amalie von Bayern litt unter einer psychischen Störung, die sie glauben ließ, sie hätte ein gläsernes Klavier verschluckt.

Menschen, die unter »Body Integrity Identity Disorder« leiden, wünschen sich die Amputation eines oder mehrerer Körperglieder und sind oft neidisch auf Amputierte.

Die »Prinzessinnenkrankheit« bezeichnet in China und Korea ein psychologisches Phänomen, das bei jungen Frauen vorkommt und von Narzissmus, Egozentrik und einem melodramatischen Auftreten gekennzeichnet ist – die Betroffenen verhalten sich wie Prinzessinnen.

In einer Studie, bei der einige Monopoly-Spieler doppelt so viel Geld erhielten wie ihre Mitspieler, zeigte sich, dass diese bessergestellten Spieler sich den anderen gegenüber besonders grausam verhielten.

In den USA sterben jähr-
lich 450 Menschen durch
einen Sturz aus dem Bett.

Der häufigste Nachname in Kanada lautet Li.

Sri Lanka ist das Land, in dem das Wort »Sex«
am häufigsten bei Google eingegeben wird.

Wir blinzeln jedes Jahr mehr als 10 Millionen Mal.

Vierjährige lachen im Schnitt
300-mal am Tag, Vierzigjährige hingegen nur viermal.

In den USA werden jeden Tag durchschnittlich
über 400 000 Quadratmeter Pizza verspeist.

Mehr als die Hälfte der US-Amerikaner glaubt
an übersinnliche Phänomene.

Hermann Rorschach, der Entwickler des berühmten
Rorschach-Tintenklecks-Tests, wurde als Kind »Tinten-
klecks« genannt.

Laut Schätzungen der UN war der 12. Oktober
1999 der Tag, an dem die Weltbevölkerung die
Sechs-Milliarden-Marke überschritt.

Im Jahr 2014 war Monaco das Land mit der höchsten Lebenserwartung – 89,57 Jahre. Am niedrigsten lag sie im Tschad mit 49,44 Jahren.

Seit 1973 sind in den USA 156 zum Tod verurteilte Menschen vor der Hinrichtung freigesprochen worden. Florida allein hat in den letzten vier Jahrzehnten 26 Todeszelleninsassen freigelassen.

Das Mars-Curiosity-Rover-Projekt kostete 2,5 Milliarden Dollar, weniger als 0,5 Prozent der US-Militärausgaben im Jahr 2015.

Auf den Straßen der USA sind im Durchschnitt zu jeder Zeit etwa zwei Millionen berauschte Autofahrer unterwegs.

Die Wahrscheinlichkeit, bei einem Flugzeugabsturz ums Leben zu kommen, liegt bei 1 zu 2 067 000.

Der Gedanke an Sex setzt Hormone frei, die die Konzentrationsfähigkeit steigern.

Die Wahrscheinlichkeit, durch einen Sturz aus dem Bett zu sterben, liegt bei 1 zu 423 548.

Panische Angst davor, beim Essen Smalltalk zu betreiben? Das nennt sich »Deipnophobie«.

»Kathisophobie« bezeichnet die Angst davor, sich hinzusetzen.

Die Angst vor Spiegeln heißt »Eisoptrophobie«.

Wer an »Nyctohylophobie« leidet, hat Angst in Wäldern bei Nacht.

Mehr als die Hälfte der 1,1 Milliarden in Afrika lebenden Menschen ist unter 25 Jahre alt.

Um zum einen Prozent der Höchstverdiener im US-Bundesstaat Connecticut zu zählen, muss man 678 000 Dollar oder mehr im Jahr verdienen. Doch wer über die Grenze nach Rhode Island umzieht, erreicht das schon mit 315 000 Dollar.

Arabisch, Englisch und Suaheli sind die drei Sprachen, die auf dem afrikanischen Kontinent am meisten gesprochen werden, obwohl es dort über 2000 anerkannte Sprachen gibt. Afrika ist der sprachenreichste Kontinent der Erde.

In New York City haben mehr Leute Zugang zum Internet als in ganz Afrika.

US-Amerikaner geben mehr für Schmuck, Schuhe und Uhren aus (100 Milliarden Dollar) als für die Hochschulbildung (99 Milliarden Dollar).

Mehr als 30 Prozent der Amerikaner kaufen Weihnachtsgeschenke für ihre Haustiere.

Britische Forscher haben herausgefunden, dass Zehnjährige im Schnitt 238 Spielzeuge besitzen, aber am Tag nur mit zwölf davon spielen.

Jeder Mensch verbringt im Schnitt 3680 Stunden, also 153 Tage, mit der Suche nach verlegten Gegenständen. Schlüssel, Handys, Sonnenbrillen und Papiere stehen dabei ganz oben auf der Liste.

Facebook-Nutzer gaben 1,85 Milliarden Dollar für virtuelle Einkäufe aus, von *FarmVille*-Hühnern bis hin zu virtuellen Geschenken.

Es gibt rund sieben Milliarden Menschen auf der Erde. Etwa vier Milliarden von ihnen haben ein Handy, aber nur 3,5 Milliarden eine Zahnbürste. Das bedeutet, dass es mehr Handybesitzer als Zahnbürstenbesitzer gibt!

Im amerikanischen Bürgerkrieg kamen etwa 750 000 Menschen ums Leben, ungefähr 2,5 Prozent der Bevölkerung.

Mehr als die Hälfte der Berufspiloten gibt zu, schon einmal während eines Fluges eingeschlafen zu sein.

Jede Sekunde wird auf YouTube eine Stunde Videomaterial hochgeladen.

Es sind genügend Kreditkarten im Umlauf, um damit dreimal den gesamten Äquator abzudecken.

Kreditkarten verfügen über ein Ablaufdatum, weil der Magnetstreifen auf Dauer seine Magneteigenschaft verliert.

Kreditkartennummern werden mit Hilfe des Luhn-Algo-rithmus erstellt. Wie dieser funktioniert, lässt sich leicht überprüfen: Verdoppeln Sie jede zweite Ziffer auf Ihrer Kreditkarte und addieren Sie die Ergebnisse. Lässt sich die Summe durch 10 teilen, verfügen Sie über eine echte Kreditkarte (oder eine sehr gute Fälschung).

Jeder US-Haushalt erhält pro Monat im Schnitt sechs Kreditkartenangebote.

VISA ist ein rekursives Akronym und steht für »Visa International Service Association«.

Sekündlich finden weltweit über 10 000 Kreditkarten-transaktionen statt.

Im Jahr 2013 hatte jeder US-Amerikaner im Schnitt 5000 Dollar Kreditkartenschulden und 1,96 Kreditkarten.

Die erste Ziffer der Kreditkartennummer weist auf den Kartentyp hin: 1 und 2 stehen für Fluglinien, 3 für Reisen und Freizeit, 4, 5 und 6 für Banken und 7, 8 und 9 für andere Verwendungszwecke.

Auf dem Land lebende Afrikaner müssen im Schnitt fast sechs Kilometer bis zur nächsten Trinkwasserquelle zurücklegen.

Jeder US-Amerikaner nutzt täglich knapp 400 Liter Wasser zum Waschen, Trinken, für die Toilettenspülung und die Nahrungszubereitung. Das reicht aus, um einen kleinen Whirlpool zu füllen. Afrikaner im Subsaharagebiet verbrauchen täglich etwa 11,5 Liter.

In Chicago lebt die größte polnische Gemeinde außerhalb Polens.

Laut einer Studie waschen sich nur 38 Prozent der Männer und 60 Prozent der Frauen die Hände, wenn sie von der Toilette kommen.

Menschen mit großen Pupillen werden als attraktiver empfunden. Das liegt daran, dass sich unsere Pupillen weiten, wenn uns etwas interessiert. Sehen wir jemanden mit großen Pupillen, gehen wir davon aus, dass derjenige sich für uns interessiert, und wir finden ihn attraktiver.

Als »Duchenne-Lächeln« wird in der Wissenschaft ein echtes, glückliches Lächeln bezeichnet, im Gegensatz zum falschen oder höflichen Lächeln.

Eine Untersuchung hat ergeben, dass Kellnerinnen mehr Trinkgeld bekommen, wenn sie den Gast beim Überreichen der Rechnung leicht berühren. Das wird darauf zurückgeführt, dass zwischenmenschliche Berührungen das Hormon Oxytocin freisetzen, das mit Liebe und Verbundenheit in Zusammenhang gebracht wird.

Etwa 75 Prozent aller Internet-Suchanfragen in den USA erfolgen durch Google.

Im September 2015 verarbeitete Google 11,382 Milliarden Suchanfragen.

56 Prozent der Internetnutzer haben sich schon einmal selbst gegoogelt.

Männer haben im Schnitt sieben Sexualpartner im Leben, Frauen vier.

75 Prozent der Männer und 29 Prozent der Frauen geben an, beim Sex immer zum Orgasmus zu kommen. Dieser Unterschied ist weithin als »Orgasmus-Lücke« bekannt.

Zehn Prozent der verheirateten Erwachsenen sagen, dass sie ihre Nächte meist allein verbringen.

Jeder achte US-Amerikaner hat irgendwann einmal für McDonald's gearbeitet.

Jungen verlieren ihre Unschuld im Schnitt mit 16,9 Jahren, Mädchen mit 17,4 Jahren.

Die meisten Männer haben während einer achtstündigen Schlafphase drei bis fünf Erektionen.

Die Fähigkeit, als Kind eine Belohnung aufzuschieben, wird mit Erfolg im späteren Leben in Verbindung gebracht. 1962 wurden vierjährige Kinder im Rahmen einer Studie an der Stanford University gefragt, ob sie lieber sofort ein Marshmallow oder später zwei hätten. Die meisten wollten abwarten, hielten es aber nicht aus, die verlangte Viertelstunde vor einem Teller mit Marshmallows zu sitzen, ohne eins davon zu essen. Diejenigen, die es schafften, griffen meist auf bestimmte Strategien zurück, schlossen die Augen oder schauten in eine andere Richtung. Diese Kinder wurden im späteren Verlauf ihres Lebens seltener übergewichtig oder süchtig und hatten größeren beruflichen Erfolg.

Schauspieler und Regisseure, die einen Oscar erhalten, leben tendenziell länger als ihre Kollegen, die nominiert werden, aber nicht gewinnen.

Als »Zuschauereffekt« bezeichnen Psychologen das Phänomen, dass Menschen, die in Schwierigkeiten sind, an bevölkerten Orten oft im Stich gelassen werden. Die Anwesenden gehen davon aus, dass jemand anderes dem Betroffenen zu Hilfe eilen werde. Es ist meist leichter, Beistand zu bekommen, wenn weniger Menschen in der Nähe sind. Um diesen Effekt zu durchbrechen, empfehlen Forscher, eine Person aus der Menge auszuwählen, Blickkontakt aufzunehmen und sie konkret um Hilfe zu bitten.

Kinder, die sehen, wie ein Erwachsener eine Puppe schlägt oder ihr gegenüber aggressiv auftritt, neigen eher dazu, beim Spielen mit der Puppe ähnliche Verhaltensweisen an den Tag zu legen, als Kinder, die beobachten, dass Erwachsene sich passiv gegenüber der Puppe verhalten.

20 Prozent der Bewohner Großbritanniens geben an, für Sex mit Robotern offen zu sein.

Gähnen ist nicht nur unter Menschen ansteckend. Hunde, die Menschen gähnen sehen, gähnen auch selbst deutlich häufiger.

Bei einem Experiment, bei dem Wissenschaftler fiktive Poster eines vermissten Kindes in einem Laden aufhängten, sahen sich manche Leute die Poster an, während andere nur flüchtig einen Blick darauf warfen, doch niemand bemerkte, dass das abgebildete Kind sich im Laden befand.

Indonesische Piraten gehen im Allgemeinen weniger brutal vor als somalische.

50 Prozent der US-Amerikaner halten sich für intelligenter als der Durchschnittsbürger. Bei weißen Männern ist der Effekt deutlich ausgeprägter.

Seit dem 11. September 2001 sind in den USA doppelt so viele Menschen von weißen, rechtsradikalen amerikanischen Terroristen getötet worden wie von islamistischen Terroristen. Von den 26 Terroranschlägen, die es seit 9/11 in den USA gegeben hat, gehen 19 auf das Konto von weißen Rassisten oder radikalen Staatsgegnern.

Schon zwei Jahre alte Kinder können Psychopathen sein. Neurowissenschaftler sind sich nicht sicher, was die Gründe dafür sind.

27 Prozent der US-Amerikaner glauben, dass Gott über den Ausgang von sportlichen Wettkämpfen entscheidet.

Die glücklichsten Paare haben einmal pro Woche Sex. Studien haben ergeben, dass mehr Sex nicht unbedingt zu zufriedenstellenderen Beziehungen führt.

Wissenschaftler verfolgen die Ausbreitung von ansteckenden Krankheiten mittlerweile anhand von Handy-Metadaten.

Es prägt Kleinkinder schon ab einem Alter von elf Monaten, wenn die Mutter sich negativ über Übergewichtige äußert.

Twitter kann auf der Grundlage der Sprachanalyse voraussagen, wann und wo sich wahrscheinlich ein Herzinfarkt ereignet.

90 Prozent aller Katastrophen in den letzten 20 Jahren wurden durch das Wetter ausgelöst.

Kinder erbringen bessere schulische Leistungen, wenn sie an ihren Tischen stehen statt sitzen. Das kann auch Übergewicht vorbeugen, da es 15 bis 25 Prozent mehr Kalorien verbrennt.

Untersuchungen haben gezeigt, dass Online-Therapien weitaus weniger effektiv sind als solche mit direktem menschlichen Kontakt und dass die ausschließliche Nutzung von Online-Therapien die Symptome kaum lindert.

Forschungen haben ergeben, dass sportliche Betätigung genauso effektiv gegen Depressionen wirkt wie Antidepressiva.

Ein Neurowissenschaftler, der im Rahmen eines Nebenprojekts die Hirn-Scans von psychopathischen Mördern untersuchte, entdeckte, dass er selbst ein Psychopath war. Allerdings hat er, soweit bekannt, niemanden ermordet.

Antidepressiva sind nach Schmerzmitteln und cholesterinsenkenden Medikamenten die am dritthäufigsten verschriebenen Arzneien.

Vier von zehn Angestellten glauben, flexible Arbeitszeiten würden sich positiv auf ihr Sexleben auswirken.

Die meisten psychischen Erkrankungen treten im späten Jugendalter auf. Dann reift der präfrontale Cortex – der emotional komplexeste Teil des Gehirns – heran.

Der Stress eines Lebens in Armut entspricht dem Verlust von 13 IQ-Punkten.

Eine Chinesin, die mit 14 Jahren verschwand, wurde zehn Jahre später in einem Internetcafé gefunden, in dem sie lebte. Die Behörden erlegten ihr ein Bußgeld in Höhe von umgerechnet 156 Dollar auf und überredeten sie, zu ihren Eltern zurückzukehren.

Jeden Morgen eine halbe Stunde lang in spezielle Lichtgeräte zu schauen hat sich als wirksame Behandlungsmethode gegen Depressionen erwiesen.

Lapdance-Tänzerinnen verdienen mehr, wenn sie ihren Eisprung haben.

Prawo Jadzy galt als rücksichtslosester Autofahrer Irlands, er sammelte Dutzende von Strafzetteln für zu schnelles Fahren und falsches Parken. Wie sich herausstellte, ist »Prawo Jadzy« der polnische Begriff für »Führerschein«.

Bei einer Umfrage zur Kundenzufriedenheit tauchten nur drei US-amerikanische Flughäfen in der Liste der Top 50 auf, am besten schnitt ausgerechnet Cincinnati mit Platz 30 ab.

Es ist mathematisch erwiesen, dass Organisationen am effektivsten arbeiten, wenn die Mitarbeiter willkürlich befördert werden.

Wenn man betrunken ist, hält man sich für attraktiver.

Psychologen haben festgestellt, dass der Eiffelturm kleiner erscheint, wenn man sich nach links beugt.

Wir verbinden unsere Lieblingslieder meist mit persönlichen emotionalen Erlebnissen.

Es macht tendenziell glücklicher, Geld für Aktivitäten statt für materielle Güter auszugeben.

Forschungen legen nahe, dass es die eigene Zufriedenheit steigert, sich mit glücklichen Menschen zu umgeben.

18- bis 33-Jährige sind die Altersgruppe, die am meisten unter Stress leidet.

Nachdem eine Studie ergeben hatte, dass mehr als die Hälfte aller Frauen in Tokio schon einmal im Zug begrapscht worden war, führte der Staat während der Rushhour Waggons nur für Frauen ein.

Der »Dunning-Kruger-Effekt« beschreibt, dass kluge Menschen eher zu Selbstzweifeln neigen, während weniger intelligente Leute tendenziell zu sehr von sich überzeugt sind.

Wenn man sich an ein vergangenes Ereignis erinnert, erinnert man sich genau genommen an das letzte Mal, als man sich daran erinnert hat.

43 Prozent der US-Amerikaner sagen, sie haben im Wohnzimmer feste Sitzplätze.

In einer Fremdsprache zu denken reduziert Vorurteile.

Vorhaben zu verkünden verringert die Motivation, sie durchzuführen.

Neurotiker weinen häufiger als andere Menschen.

Ein Fünftel aller Menschen erlebt einmal im Monat eine Halluzination irgendeiner Art.

Eine Umfrage im Jahr 2011 unter Afghanen im Alter zwischen 15 und 30 hat ergeben, dass 92 Prozent noch nie etwas von den Anschlägen am 11. September 2001 gehört hatten.

Studenten, die an einer britischen Studie teilnahmen, hatten umso weniger Vergnügen an einer Aufgabe, je mehr Geld sie dafür bekamen.

Manche Studien legen nahe, dass die Wirkung des Antidepressivums Fluoxetin zu 80 Prozent auf einen Placebo-Effekt zurückzuführen ist.

Sich einen zukünftigen Erfolg auszumalen verringert die Motivation.

Gruppen-Brainstorming fördert tendenziell die intellektuelle Faulheit und verringert im Allgemeinen die Kreativität der Ergebnisse.

Eine Studie aus dem Jahr 1987 fand heraus, dass es extrem kontraproduktiv ist, Gedanken zu unterdrücken, auch auf kurze Sicht.

Eine Studie aus dem Jahr 1981 legt nahe, dass große Lebensereignisse weniger wichtig für unsere psychische Gesundheit und unseren generellen Erfolg sind als Alltagserfahrungen.

54 Prozent der Menschen, die sich bei einem Experiment Wasser in die Tränendrüsen beider Augen tropfen ließen, fühlten sich dadurch traurig, bei 29 Prozent hingegen löste es gute Laune aus.

Eine Umfrage unter Bibliothekarinnen ergab, dass drei Prozent von ihnen Cher heiraten würden.

Wissenschaftler in Cambridge fanden heraus, dass glückliche Kinder im Erwachsenenalter nicht häufiger heiraten als unglückliche und dass die Wahrscheinlichkeit einer Scheidung bei ihnen sogar höher liegt.

Männer mit violetten Schlafzimmern haben doppelt so viel Sex wie Männer mit blauen oder grauen Schlafzimmern.

In einer aktuellen Umfrage zum Thema Fachausdrücke hielten 11 Prozent der Teilnehmer »HTML« für eine sexuell übertragbare Krankheit, 27 Prozent »Gigabyte« für ein südamerikanisches Insekt, 12 Prozent »USB« für die Abkürzung eines europäischen Landes und 15 Prozent »Software« für einen Begriff für bequeme Kleidung.

Menschen, die gegen gesellschaftliche Normen verstoßen, werden von anderen als mächtig betrachtet.

Entspannte Ladenbesucher geben im Allgemeinen mehr Geld aus als gestresste.

Kanadier haben im Schnitt größere Penisse als US-Amerikaner, während US-Amerikanerinnen größere Brüste haben als Kanadierinnen. Die größten Brüste, weltweit betrachtet, haben russische Frauen.

Eine Studie an der Cornell University zeigte, dass Gruppen mit mehr als einem Narzissten darin beim Brainstorming die kreativsten Ergebnisse hervorbringen, weil die Narzissten untereinander um die Aufmerksamkeit kämpfen.

Eine Untersuchung an der Columbia University legt nahe, dass eine große Anzahl an Auswahlmöglichkeiten entgegen der allgemeinen Überzeugung den Blick für das beste Angebot schärfen kann.

Wut kann dem sogenannten Bestätigungsfehler – der Neigung, nur passende Informationen wahrzunehmen – entgegenwirken.

Das chemische Hirnprofil von Verliebten ist quasi nicht von dem von Menschen mit Zwangsstörungen zu unterscheiden.

Frauen sprechen täglich im Schnitt 20 000 Wörter – 13 000 mehr als Männer.

Das »Paris-Syndrom« ist eine schwere Form des Kulturschocks mit Depersonalisationserfahrungen und Wahnvorstellungen, die häufig bei japanischen Touristen auftritt, weil die französische Hauptstadt nicht ihren Erwartungen entspricht.

In den USA leiden Highschool-Schüler heute im Schnitt genauso stark unter Angstzuständen wie psychiatrische Patienten in den 1950er Jahren.

Es ist kein Fall eines von Geburt an blinden Menschen bekannt, der an Schizophrenie erkrankte.

Magersucht hat die höchste Sterblichkeitsrate von allen psychiatrischen Erkrankungen. Bis zu 20 Prozent der Betroffenen sterben letzten Endes an den Folgen der Krankheit.

»Hikikomori« ist ein Begriff, der die rund eine Million japanischen Männer beschreibt, die sich bewusst vollständig aus der Gesellschaft zurückziehen, oft weil sie sich als Versager fühlen.

In den vergangenen zwei Jahrzehnten sind in den USA 26 Milliarden Dollar Lösegeld bezahlt worden.

Die Wahrscheinlichkeit, von einem Hund getötet zu werden, liegt weltweit bei 1 zu 147 717.

Auf den Straßen der Welt fahren mehr als eine Milliarde Autos herum.

Paare mit Seidenbettwäsche schlafen durchschnittlich 4,25-mal pro Woche miteinander, doppelt so häufig wie Paare mit Baumwollbettwäsche.

Neun Prozent der US-Amerikaner tragen kein Bargeld bei sich, die Hälfte 20 Dollar oder weniger.

Ein Wissenschaftler fand heraus, dass seine Erfolgsquote, die Telefonnummern von Frauen zu bekommen, bei etwa 9 Prozent lag, aber auf 28 Prozent anstieg, wenn er einen Hund dabeihatte.

80 Prozent aller sexuell aktiven Erwachsenen ziehen sich irgendwann im Leben eine sexuell übertragbare Krankheit zu.

In den Vereinigten Staaten werden alle 30 Sekunden 106 000 Aluminiumdosen verbraucht.

Leute mit Kindern sind weniger mitfühlend und misstrauischer als andere.

Jährlich kommen weltweit zehn Menschen durch umfallende Snack- und Getränkeautomaten ums Leben.

Zur Herstellung eines Autos werden im Schnitt 147 500 Liter Wasser benötigt.

30 Prozent der Menschen setzen sich nicht auf die Klobrille öffentlicher Toiletten.

Laut einer Umfrage lebt der typische britische Mittdrei-ßiger mit seinem Partner/seiner Partnerin zusammen, fährt einen Kombi, mag *Dirty Dancing* und hört am liebsten Queen.

9o Prozent der 18- bis 24-Jährigen sagen, sie würden in sozialen Netz-werken geteilten medizinischen Informationen vertrauen.

Der am niedrigsten liegende Briefkasten der Welt befindet sich zehn Meter unter einer Was-seroberfläche in Japan.

Eltern haben begonnen, ihre Kinder nach Instagram-Filtern zu benennen. Der beliebteste Filtername war Lux, aber es gab sogar ein paar Kelvins.

»Baker-Miller-Pink« ist ein Rosaton, der beruhigend wirken und Aggressionen abbauen soll. Die Kaugum-mi-Farbe ist oft in Gefängniszellen zu sehen und wird sogar von Boxern getragen, um den Gegner aus dem Konzept zu bringen.

34 Prozent der US-amerikanischen Männer bezeichnen sich selbst als »völlig normal«.

25 Prozent der männlichen US-Amerikaner sind größer als 1,83 Meter.

Nur 30 Prozent der Menschen können ihre Nasenflügel aufblähen.

Nur sechs Prozent aller Gutscheine werden eingelöst.

US-Amerikaner schauen im Schnitt 90 Minuten am Tag auf ihr Handy, was pro Jahr insgesamt 23 Tage und im ganzen Leben fast vier Jahre ergibt.

Der »Halo-Effekt« ist eine kognitive Verzerrung, bei der eine Erfahrung im Umgang mit einer Person (etwa: Sie war nett zu mir) unser Urteil über eine Eigenschaft der Person oder ihren Charakter im Ganzen beeinflusst (etwa: Sie ist ein guter Mensch).

Eine Studie der University of Virginia aus dem Jahr 2013 erforschte die wissenschaftlichen Auswirkungen unseres Einfühlungsvermögens. Wenn wir mit ansehen, wie jemand eine eindrückliche Erfahrung macht, reagiert unser Gehirn, als erlebten wir es selbst.

Als eine Reihe von Menschen gefragt
wurde, welches Verhalten sie für
riskanter und unmoralischer hielten –
mit jemandem zu schlafen, obwohl
man weiß, dass man an einer behan-
delbaren, nicht lebensbedrohlichen
Geschlechtskrankheit leidet, oder
mit jemandem zu schlafen, obwohl
man die Schweinegrippe hat, die viele
Menschenleben kostet, entschieden
sich die meisten Leute für Ersteres.

2011 wurde der bekannte niederländische Psy-
chologe Diederik Stapel beim Fälschen von For-
schungsergebnissen erwischt. Das führte dazu,
dass seine früheren Publikationen überprüft
und 50 wegweisende Studien, die er geleitet
hatte, zurückgezogen wurden.

68 Prozent der Menschen
leiden am Phantom-Vibra-
tions-Syndrom, sie haben
fälschlicherweise das Ge-
fühl, ihr Handy vibriere.

Bei Solomon Aschs bahnbrechender psychologischer Studie zum Thema Konformität mussten Gruppen von je neun Männern eine Multiple-Choice-Frage beantworten. Allerdings war acht von ihnen bereits im Vorfeld mitgeteilt worden, welche Antwort sie geben sollten. Wenn die Mehrzahl angewiesen wurde, die richtige Antwort zu geben, antwortete auch der neunte Befragte meist korrekt. Wenn die Mehrzahl etwas Falsches sagte, galt das auch für den neunten – bei mehr als der Hälfte der Fragen gaben 50 Prozent der Testpersonen die gleiche falsche Antwort wie die anderen.

Selbstgespräche sorgen dafür, dass das Gehirn effizienter arbeitet.

Neurowissenschaftler haben ermittelt, dass Menschen ihre Hunde genauso lieben wie ihre Kinder.

Frauen weinen im Schnitt 47-mal im Jahr, Männer nur siebenmal.

Eine israelische Studie ermittelte, dass Frauen Flüchtlingen gegenüber negativer eingestellt waren, wenn sie ihre Kinder zur Befragung mitbrachten.

Langweilige Vorträge oder Reden werden von unserem Gehirn »umgeschrieben«, um sie interessanter zu machen.

Kinder, die abgelenkt wirken oder ihren Gedanken nachhängen, haben ein besseres Gedächtnis.

Mehr als ein Viertel aller US-Amerikaner glaubt, dass sich die Sonne um die Erde dreht.

Der »Walker-Effekt« bezeichnet den kurzen Gleichgewichtsverlust, den viele Menschen erleben, wenn sie eine stehende Rolltreppe betreten, selbst wenn sie sich bewusst sind, dass sie außer Betrieb ist.

77 Prozent der Menschen in heterosexuellen Beziehungen sind der Meinung, der Mann solle beim ersten Date die Rechnung bezahlen – ein Wert, der sich in den letzten 30 Jahren kaum verändert hat. 39 Prozent der Frauen gaben zu, sie hofften darauf, dass der Mann ihr Angebot, die Rechnung zu bezahlen oder zu teilen, zurückweisen würde.

Die Wahrscheinlichkeit, dass Umstehende einem Menschen helfen, ist höher, wenn derjenige einen Hund dabeihat.

Frischgebackene Mütter denken im Schnitt 14 Stunden am Tag an ihr Baby.

76 Prozent der Frauen und 74 Prozent der Männer glauben, dass die erste Präsidentin der USA brünett sein wird.

Adoptierte Kinder leiden deutlich häufiger an Lernschwierigkeiten und Verhaltensauffälligkeiten als Kinder, die bei ihren biologischen Eltern aufwachsen.

In den 1930er und 1940er Jahren wurde Methamphetamin gegen Depressionen verschrieben.

Menschen, die gerade viel Zeit mit ihrer Familie verbracht haben, stimmen Aussagen wie »Manche Menschen verdienen es, wie Tiere behandelt zu werden« häufiger zu – vor allem nach Thanksgiving.

95 Prozent der US-Amerikaner haben Sex vor der Ehe.

Bei einer Umfrage stellte sich heraus, dass der »Affordable Care Act« mehr Befürworter fand als »Obamacare«, auch wenn es sich bei beidem um dasselbe handelt.

Menschen, die täglich zwei bis drei Stunden in den sozialen Netzwerken unterwegs sind, halten sich mit höherer Wahrscheinlichkeit für jemanden, der gern viel Geld ausgibt.

– PSYCHOLOGIE –

1. An welchem Wochentag werden die meisten Selbstmorde begangen?
   a. Freitag
   b. Dienstag
   c. Donnerstag
   d. Montag

2. Wie viel Zeit verbringt jeder Mensch insgesamt im Durchschnitt mit der Suche nach verlegten Gegenständen?
   a. 18 Stunden
   b. 153 Tage
   c. 47 Wochen
   d. 1 Jahr

3. Der Gedanke woran setzt Hormone frei, die die Konzentrationsfähigkeit steigern?
   a. Essen
   b. Musik
   c. Schlafen
   d. Sex

4. Was wirkt laut Studien genauso effektiv gegen Depressionen wie Antidepressiva?
   a. Musik hören
   b. Lesen
   c. sportliche Betätigung
   d. Videospiele

Auflösung: 1. D; 2. B; 3. D; 4. C

POPKULTUR

Als der Wrestler Big Van Vader einst in einer Fernsehsendung in Kuwait interviewt wurde, hatte man ihn
vorher angewiesen, auf den Interviewer loszugehen,
wenn dieser ihn fragte, ob es sich beim Wrestling um
Schaukämpfe handelte. Doch der Interviewer war nicht
in die Sache eingeweiht, und Vader musste 164 Dollar
Bußgeld zahlen.

> **W**ährend der Dreharbeiten zu *Der
> Pate* legte der Scherzbold Marlon
> Brando in der Szene, in der Don Cor-
> leone die Treppe hinaufgetragen wird,
> Steine in die Krankentrage.

> **S**ylvester Stallone ist der einzige Schauspie-
> ler mit einer Oscar-Nominierung als bester
> Hauptdarsteller und als bester Drehbuchautor
> für den gleichen Film. Er spielte nicht nur die
> Hauptrolle in *Rocky*, sondern schrieb auch das
> Drehbuch.

Mariah Carey brach eine Ausbildung zur Kosmetikerin
ab.

> **D**ustin Carter aus Hillsboro (Ohio) war in der
> Highschool ein erfolgreicher Ringer, obwohl
> ihm als Kind beide Oberarme und Unterschen-
> kel amputiert wurden.

Evan Spiegel, der Erfinder von Snapchat, ist mit 24 Jahren der jüngste Milliardär.

Robert Plant von Led Zeppelin hasst den größten Hit der Band, »Stairway to Heaven«, so sehr, dass er einem Radiosender, der versprach, das Lied nie wieder zu spielen, Geld spendete.

»Gangnam Style« von Psy war bis Juli 2017 mehrere Jahre lang mit zuletzt fast 2,9 Milliarden Klicks das meistgesehene Video auf YouTube.

Bis in die 1960er Jahre war es den männlichen Mitarbeitern im Disneyland verboten, lange Haare zu haben. Bis heute dürfen sie keine Bärte tragen.

Stings *Ten Summoner's Tales* war 1994 das erste Produkt, das je über das Internet verkauft wurde.

Wir alle sprechen »Voldemort« falsch aus. Laut der Harry-Potter-Autorin J. K. Rowling ist das »t« stumm wie im französischen Wort für *Tod*, »mort«.

J. K. Rowling hat sich bei ihren Fans dafür entschuldigt, Fred Weasley sterben zu lassen.

Quer durch die Rollbahn des Flughafens im spanischen Gibraltar verläuft eine vielbefahrene Straße.

John Waynes echter Name lautete Marion Morrison.

Nirgendwo in den USA gibt es mehr plastische Chirurgen pro Einwohner als in Salt Lake City im Bundesstaat Utah.

Im Verlauf der Sitcom *Seinfeld* hatte die Titelfigur Jerry Seinfeld 66 Freundinnen, von denen zwei Nina hießen. Die Figur George Costanza hatte 47 Freundinnen, von denen ebenfalls zwei Nina hießen (eine von ihnen war mit beiden Männern zusammen).

Die New-Age-Sängerin Enya lebt in einem irischen Schloss namens Manderley Castle, benannt nach dem Schloss in ihrem Lieblingsroman *Rebecca* von Daphne du Maurier. Zu ihren Nachbarn zählt Bono.

Die Bewohner des US-Bundesstaates Vermont nutzen das Grinsender-Kackhaufen-Emoji häufiger als die Bewohner aller anderen Staaten.

Drei Viertel der US-Amerikaner verwenden jeden Tag Emojis in Textnachrichten.

In die alten Nintendo-Spielmodule zu pusten trug nicht dazu bei, dass sie besser funktionierten. Im Gegenteil – die Feuchtigkeit des Atems ließ die Metallstifte, die die Verbindung zwischen Modul und Konsole herstellten, rosten.

Die Milliardärin und sogenannte Queen of Mean (Königin der Gemeinheiten) Leona Helmsley hinterließ ihrem Hund Trouble 12 Millionen Dollar. Das ist mehr, als ihre Enkel bekamen, zwei von ihnen gingen ganz leer aus.

Der Dramatiker Eugene O'Neill kam in einem Hotelzimmer zur Welt und starb auch in einem.

Der Werbe-Jingle »Like a Good Neighbor« des Versicherungskonzerns State Farm wurde von Barry Manilow geschrieben. Auch das Lied »Stuck on Band-Aid Brand« aus einer Pflasterwerbung ist von ihm.

Der Rap von Bugs Bunny in *Space Jam* stammt aus der Feder von Jay Z.

Will Smith traf Jada Pinkett Smith, als sie für die Rolle seiner Freundin in *Der Prinz von Bel-Air* vorsprach. Den Part bekam sie zwar nicht, aber sie wurde Smiths Frau.

Saddam Hussein verfügte über ein internationales Geldwäsche-Unternehmen, das »Montana Management« hieß, nach der Figur Tony Montana aus *Scarface*.

Das Brüllen des Tyrannosaurus Rex in *Jurassic Park* entstand durch eine Kombination von Hunde-, Pinguin-, Tiger-, Alligator- und Elefantenlauten, während seine Schritte mit dem Geräusch umstürzender Küstenmammutbäume unterlegt wurden.

Der erste Film, der über das Internet zu sehen war, war 1993 *Wax oder die Entdeckung des Fernsehens unter den Bienen*. Damals – zu Zeiten des Modems – war er nur in Schwarzweiß verfügbar, hatte viele ungewollt stumme Stellen und bestand aus zwei Bildern pro Sekunde (bei den meisten Filmen sind es 24). Obwohl der Film in manchen Kreisen Kultstatus genießt, gilt er selbst mit Netflix-Geschwindigkeiten als größtenteils unschaubar.

Han Solo hätte eigentlich sterben sollen, doch George Lucas beschloss, ihn am Leben zu lassen, weil er davon ausging, dass sich mit einem toten Han Solo weniger Spielfiguren verkaufen ließen.

Das Englisch, das in englischsprachigen Filmen und Wochenschauen aus den 1930er und 1940er Jahren zu hören ist, ist eine Kombination aus britischem und amerikanischem Englisch, das in amerikanischen Schauspielschulen vermittelt wurde. Da fast niemand so sprach, kam es nach dem Zweiten Weltkrieg rasch aus der Mode.

Der Sänger Chris Brown besitzt 14 Burger-King-Filialen.

Nach dem Tod des Schriftstellers Hunter S. Thompson wurde seine Asche in Feuerwerkskörpern mit einer 45 Meter langen Kanone in die Luft geschossen.

Die Kinder aus der Fernsehserie *Drei Mädchen und drei Jungen* (Originaltitel: *The Brady Bunch*) hatten keine Toilette in ihrem Badezimmer. Zu jener Zeit durften im Fernsehen keine Toilettenschüsseln zu sehen sein. Es war zwar erlaubt, Spülkästen zu zeigen, aber die Produzenten entschieden, dass das zu kompliziert zu filmen sei.

In der US-Militärakademie in West Point sind Kissenschlachten verboten.

Die US-amerikanische Altersfreigabe »PG-13« (Begleitung durch einen Elternteil nachdrücklich empfohlen) wurde eingeführt, nachdem sich Eltern über die Gewaltdarstellung in *Indiana Jones und der Tempel des Todes* beschwert hatten. Der erste Film mit dieser Freigabe war *Die rote Flut* mit Patrick Swayze.

Ein Wrestler wurde einst verhaftet, weil er einen Felsbrocken durch die Scheibe einer McDonald's-Filiale geworfen hatte, wo man ihn nach Ladenschluss nicht mehr bedienen wollte. Ein anderer wurde festgenommen, weil er auf einem Flug eine Flugbegleiterin angepinkelt hatte.

Kelsey Grammer stellte die Figur Frasier Crane in drei verschiedenen Serien dar – in *Cheers*, *Frasier* und bei einem Gastauftritt in *Überflieger* – und wurde jeweils für einen Emmy nominiert. Er spielte sie über zwanzig Jahre lang.

Eine Schaufensterpuppe in einem Brautmodengeschäft im mexikanischen Chihuahua soll entweder ein einbalsamierter Leichnam sein oder von einem Geist heimgesucht werden. Sie steht seit über 75 Jahren dort im Fenster, und die Anwohner sind überzeugt, dass sie sich nachts bewegt.

An vielen von Will Smiths Raps hat Nas mitgearbeitet, unter anderem an »Gettin' Jiggy Wit It« und »Miami«.

Die *Ghostbusters*-Feuerwache ist ganz normal in Betrieb. Kommt man dort vorbei, wenn die Feuerwehrleute gerade keinen Einsatz haben, führen sie einen gern herum.

Die ältesten Socken der Welt waren tatsächlich dafür gedacht, in Sandalen getragen zu werden. Sie waren aus Wolle, entstanden im vierten oder fünften Jahrhundert in Ägypten und hatten eine Abtrennung für den großen Zeh.

Die Stimme des Lehrers von Charlie Brown entstand mit Hilfe einer Posaune mit Plunger-Dämpfer. Diese Dämpfer sind im Jazzbereich sehr beliebt und sehen handelsüblichen Gummi-Saugglocken sehr ähnlich.

Jonathan Goldsmith, ein Schauspieler, der in amerikanischen Werbespots für das mexikanische Bier Dos Equis den »interessantesten Mann der Welt« spielt, lebt an Bord eines Segelschiffes im kalifornischen Marina del Rey.

Vin Diesels Karriere begann, nachdem er in ein Theater eingebrochen war, um es zu verwüsten. Der Intendant erwischte ihn, drückte ihm einen Text in die Hand und forderte ihn auf, ihn vorzutragen. Dann bot er ihm eine Rolle in einem anstehenden Stück an.

Nach einem Flugzeugabsturz 1951 schwammen Clint Eastwood und sein Pilot knapp fünf Kilometer bis an Land.

Es gibt eine Ameisen- und eine Spinnenart, die nach Harrison Ford benannt sind.

Bill Murray war am Set von *Und täglich grüßt das Murmeltier* unheimlich schwer zu erreichen, da er den Film und die Dreharbeiten hasste. Als man ihn bat, einen persönlichen Assistenten einzustellen, willigte er ein und engagierte einen Mann, der größtenteils taub und stumm war und nur in Zeichensprache kommunizierte. Die beherrschte aber niemand sonst am Set, auch nicht Murray.

Whoopi Goldberg arbeitete einst für eine Telefonsexhotline.

Als Andrew Lloyd Webber die Filmmusik für die Fortsetzung von *Das Phantom der Oper* komponierte, sprang seine Katze auf die Tastatur und löschte das ganze Projekt.

Laut dem Produzenten Dr. Dre nahm Eminem das gesamte Album *The Slim Shady LP* unter dem Einfluss von MDMA auf.

Eine Studie aus dem Jahr 1982 ergab, dass Kunden sich 34 Prozent länger in einem Laden aufhalten, wenn dort langsame Musik gespielt wird.

Jack White schneidet alle seine Aufnahmen per Hand mit einer Rasierklinge.

In dem Augenblick, in dem John Lennons Tod festgestellt wurde, erklang aus der Musikanlage im Krankenhaus gerade das Beatles-Lied »All My Loving«.

1972 verloren drei Besucher von Deep-Purple-Konzerten das Bewusst-sein, weil die Musik so laut war.

In den US-amerikanischen Städten, in denen vermehrt Country-Musik im Radio gespielt wird, sind auch die Selbstmordraten höher.

Im sowjetischen Film *Aelita* aus dem Jahr 1924 reisen Kosmonauten zum Mars und retten dort Aliens vor dem Kapitalismus.

In der texanischen Stadt Marfa mussten die Dreharbei-ten zu *No Country for Old Men* einen Tag lang ausgesetzt werden, da eine gewaltige Rauchwolke vom Set von *There Will Be Blood* die Sicht einschränkte.

Keanu Reeves spendete dem Spezial-effekte-Team von *Matrix* 50 Millionen Dollar, fast sein gesamtes Honorar für den Film.

Vin Diesel hat einen Zwillingsbruder namens Paul, der wie Diesels verstorbener Filmkollege aus *The Fast and the Furious*, Paul Walker, aussieht.

Jackie Chan gefallen die *Rush Hour*-Filme nicht, weil er weder die Actionszenen mag noch den amerikanischen Humor versteht. Die Fortsetzung drehte er nur, weil man ihm eine »unwiderstehliche« Summe dafür anbot.

O. J. Simpson sollte eigentlich die Titelrolle in *Terminator* spielen, doch James Cameron war dagegen, weil er nicht glaubte, dass Simpson überzeugend einen Mörder verkörpern könne.

Frank Zappas Album *Jazz from Hell* erhielt einen Aufkleber mit einem Jugendschutzvermerk, obwohl es sich um eine Sammlung von Instrumentalstücken ohne Gesang handelt.

Per Yngve Ohlin, besser bekannt unter dem Namen »Dead«, der Sänger der einflussreichen norwegischen Black-Metal-Band Mayhem, erschoss sich im Jahr 1991. Er hinterließ einen Abschiedsbrief mit den Worten: »Sorry für all das Blut, tschüss.« Nach der Entdeckung des Leichnams bastelte sich der Mayhem-Gitarrist Euronymous eine Kette aus den Schädelsplittern von Dead und machte ein Foto vom Toten, das später auf dem Cover einer Bootleg-CD von Mayhem zu sehen war.

Bob Marley gab Vincent Ford, einen Freund, der eine Suppenküche betrieb, als Miturheber von »No Woman, No Cry« an, damit der Laden durch die Tantiemen weiterbetrieben werden konnte.

Um die Texte der Nummer-eins-Hits der *Billboard*-Charts der letzten zehn Jahre zu verstehen, reicht im Schnitt die Lesekompetenz eines englischsprachigen Drittklässlers.

Als »channel drift« bezeichnet man es im Englischen, wenn ein Fernsehkanal sich von seinem ursprünglichen Zweck abwendet. Ein Beispiel dafür sind der US-amerikanische Kanal »The Learning Channel« und seine Sendung *Hier kommt Honey Boo Boo.*

1939 prophezeite die *New York Times*, dass das Fernsehen sich nicht durchsetzen würde, weil die durchschnittliche amerikanische Familie nicht genügend Zeit habe, um gemeinsam vor dem Apparat zu sitzen.

Groucho Marx' letzte Worte lauteten angeblich: »Sterben, mein lieber Herr Doktor! Das ist das Letzte, was ich tun werde.«

Obwohl Godzilla im gleichnamigen Remake
von 2014 die titelgebende Figur ist, ist das
Monster darin nur etwa acht Minuten zu sehen.
Der Regisseur Gareth Edwards ließ sich dabei
von *Der weiße Hai* inspirieren: »Der Film zeigt
die Bestie nicht gleich, sondern baut die Span-
nung bis zu seinem Erscheinen auf und schafft
gleichzeitig eine unheimliche und furchtein-
flößende Präsenz abseits des Bildschirms.«
Als Hommage an den Filmklassiker heißt der
Protagonist in *Godzilla* Brody, wie die Haupt-
figur in *Der Weiße Hai*.

Bis zum Jahr 2017 trat King Kong in acht Filmen in
Erscheinung: In *King Kong und die weiße Frau* und *King
Kongs Sohn* (beide 1933), *Die Rückkehr des King Kong*
(1962), *King Kong – Frankensteins Sohn* (1967), *King Kong*
(1976), *King Kong lebt* (1986), *King Kong* (2005) und *Kong:
Skull Island* (2017). Ein weiterer Film ist geplant: *Godzilla
vs. Kong* (2020).

Scrabble ist ein so beliebtes Spiel, dass in
den USA gleich zwei Fernsehshows daraus
entstanden: *Scrabble*, das von 1984 bis 1990
lief und von Chuck Woolery moderiert wurde,
und *Scrabble Showdown*, das von 2011 bis 2012
ausgestrahlt und von Justin Willman moderiert
wurde

Hattie McDaniel war die erste Afroamerikanerin, die einen Oscar gewann. Sie wurde für ihre Rolle als Mammy in *Vom Winde verweht* als beste Nebendarstellerin ausgezeichnet. McDaniel war auch die erste Afroamerikanerin, die im Radio sang.

Al Pacino boykottierte die Oscar-Verleihung 1972. Er war sauer, dass er für *Der Pate* als bester Nebendarsteller nominiert war, nicht als bester Hauptdarsteller, obwohl seine Figur länger auf der Leinwand zu sehen war als die von Co-Star Marlon Brando, der als bester Hauptdarsteller nominiert war und den Preis auch gewann.

Spike Jonze, Regisseur von *Being John Malkovich* aus dem Jahr 1999, wurde, als er den Produzenten in Hollywood das Drehbuch für den Film vorstellte, laut eigener Aussage gedrängt, den Film lieber im Kopf von Tom Cruise spielen zu lassen.

Das American Film Institute wählte »Frankly, my dear, I don't give a damn« (in der deutschen Fassung: »Offen gesagt ist mir das gleichgültig«) aus dem Film *Vom Winde verweht* von 1939 zum besten Filmzitat aller Zeiten.

 **Z**ur besten Filmmusik aller Zeiten kürte das American Film Institute die Filmmusik zu *Star Wars* aus dem Jahr 1977.

Der beste Originalsong für einen Film ist laut dem American Film Institute »Over the Rainbow«, der 1939 für *Der Zauberer von Oz* geschrieben wurde.

Der Filmklassiker *Ist das Leben nicht schön?* aus dem Jahr 1946 wurde vom American Film Institute zum inspirierendsten Film aller Zeiten gewählt. Auf Platz zwei folgt *Wer die Nachtigall stört* aus dem Jahr 1962.

Zum besten Film-Bösewicht kürte das American Film Institute Hannibal Lecter aus *Das Schweigen der Lämmer.*

Chuck Palahniuk, der Verfasser des Romans *Fight Club*, fand die Verfilmung besser als sein Buch. Er sagte: »Der Film hat die Handlung gestrafft und sie dadurch wirkungsvoller gemacht und Verbindungen geschaffen, die ich nie entdeckt hatte.«

Die Figur Xena trat zuerst in der Fernsehserie *Hercules* auf. Dort war sie so beliebt, dass sie ein eigenes Spin-Off bekam: *Xena – die Kriegerprinzessin.*

Bei den Luftaufnahmen von Grönland für den Film *Dr. Seltsam oder: Wie ich lernte, die Bombe zu lieben* filmte die Crew aus Versehen auch eine geheime US-Militärbasis. Das Flugzeug wurde zur Landung gezwungen und die an Bord befindlichen Personen zunächst für sowjetische Spione gehalten.

Die Musik zum Disney-Film *Der König der Löwen* sollte eigentlich von ABBA kommen, doch als die Band wegen einer Terminüberschneidung verhindert war, wurde stattdessen Elton John engagiert.

In der chinesischen Fassung von *Die Schöne und das Biest* spricht und singt Jackie Chan den Part des Biests.

Rapunzel und Flynn, die Figuren aus *Rapunzel – Frisch verföhnt*, sind im Hintergrund von *Die Eiskönigin* zu sehen.

Die *Eiskönigin* ist der erste animierte Disney-Film, bei dem eine Frau Regie führte.

Joss Whedon, der Erfinder mehrerer Fernsehserien wie *Buffy* und *Angel*, war auch am Drehbuch zu *Toy Story* beteiligt. Die Figur Rex ist eine seiner Ideen.

Den Titel »Teuerster Film aller Zeiten« hält im Augenblick *Pirates of the Caribbean – Fremde Gezeiten* mit einem Budget von 378,5 Millionen Dollar.

Die teuerste Filmreihe aller Zeiten ist vorläufig die *Hobbit*-Trilogie. Die drei Filme kosteten zusammen 623 Millionen Dollar.

P. L. Travers fand die Disney-Verfilmung ihres Buches *Mary Poppins* furchtbar. Sie brach während der Premiere in Tränen aus und verweigerte Disney die Filmrechte an ihren späteren Werken.

Charlie und der große gläserne Fahrstuhl, die Fortsetzung von Roald Dahls *Charlie und die Schokoladenfabrik*, wurde nie verfilmt, weil Dahl die Verfilmung des ersten Buches nicht ausstehen konnte.

Beim ersten Werbespot der »Got Milk?«-Kampagne der US-amerikanischen Milchproduzenten führte der Regisseur und Produzent Michael Bay Regie.

Barry Manilows Hit »I Write the Songs« aus dem Jahr 1975 stammte aus der Feder von Bruce Johnston.

M*ary Poppins* war der erste Film, in dem Animatronik zum Einsatz kam. In Mary Poppins Kleid steckten Kabel, über die die Bewegungen der Vögel gesteuert wurden, die mit ihr gemeinsam singen.

D*ornröschen* war ein totaler Flop, als der Film in den Kinos lief. Er kostete Walt Disney Millionen Dollar – was zu Massenentlassungen und Disneys erstem Verlustjahr führte.

Der Oscar für Walt Disneys *Schneewittchen und die sieben Zwerge* wurde in Form einer großen und sieben kleinen Trophäen überreicht.

Das Great Ormond Street Hospital in London hält die Rechte an den Peter-Fan-Büchern und erhält die Tantiemen dafür. Der Schöpfer von Peter Pan, J. M. Barrie, überließ die Rechte dem Krankenhaus, um ihm eine sichere Einnahmequelle zu verschaffen.

Der Familienfilm *Falsches Spiel mit Roger Rabbit* (Originaltitel: *Who Framed Roger Rabbit?*) aus dem Jahr 1988 basiert auf dem Buch *Who censored Roger Rabbit?* aus dem Jahr 1981, das deutlich düsterer ist und von Mord, Gier und Rassismus handelt.

Steven Spielberg ist der kommerziell erfolgreichste Regisseur der Welt. Bis 2015 spielten seine Filme weltweit insgesamt 9,2 Milliarden Dollar ein. Auf Platz zwei folgt Peter Jackson mit über 6,5 Milliarden Dollar.

Marc Okrand schuf die Sprache Klingonisch für Produkte rund um das *Star Trek*-Universum. Was zunächst mit einigen wenigen Worten in den *Star Trek*-Filmen und der Fernsehserie begann, hat sich seither zu einer richtigen Sprache mit einem Wörterbuch und grammatikalischen Regeln entwickelt.

Danny Elfman komponierte die berühmte Titelmelodie von *Die Simpsons* in nur zwei Tagen.

Der Preis, der im Originalvorspann von *Die Simpsons* auf der Kasse angezeigt wird, wenn Maggie im Laden über den Scanner gezogen wird, ist 847,63 Dollar. Das entsprach 1989 den geschätzten Kosten, die ein Kind monatlich verursacht.

Maggie Simpson wird in der einzigen Folge, in der sie je ein Wort von sich gibt, von Elizabeth Taylor gesprochen. In »Am Anfang war das Wort« sagt sie »Daddy«.

Der erste im Drehbuch vorgesehene Kuss zwischen einem weißen und einem schwarzen Menschen im US-amerikanischen Fernsehen war am 22. November 1968 in der *Star Trek*-Folge »Platons Stiefkinder« zu sehen.

Marilyn Mansons bürgerlicher Name lautet Brian Hugh Warner.

Jennifer Yuh Nelson, die Regisseurin von *Kung Fu Panda 2*, ist die kommerziell erfolgreichste Regisseurin der Welt. Ihre Filme haben bis 2015 645 Millionen Dollar eingespielt.

Der Western *Butch Cassidy and the Sundance Kid* (deutscher Titel: *Zwei Banditen*) von William Goldman aus dem Jahr 1969 sollte ursprünglich *The Sundance Kid and Butch Cassidy* heißen. Die Namen wurden getauscht, nachdem Paul Newman für die Rolle von Butch zugesagt hatte.

In Alfred Hitchcocks Horrorklassiker *Psycho* aus dem Jahr 1960 ist zum ersten Mal eine Toilette beim Spülvorgang zu sehen.

Die bisher meisten Nominierungen für eine Goldene Himbeere (die »Auszeichnung« für schlechte Filme) erhielt mit 13 Stück der Film *Showgirls*. Paul Verhoeven war der erste Regisseur, der je zur Verleihung kam und den »Preis« persönlich entgegennahm.

The Dark Knight spielte in den USA in der ersten Woche mehr Geld ein als *Batman Begins* insgesamt.

Die Rockband Pink Floyd trat unter einer Vielzahl von Namen auf, darunter Tea Set, Sigma 6, The Screaming Abdabs und Leonard's Lodgers, bevor sich die Mitglieder für den Namen Pink Floyd entschieden.

Prince spielte auf seinem Debütalbum *For You* mehr als 25 Instrumente ein.

James Lilja, der ehemalige Schlagzeuger der Pop-Punk-Band The Offspring, verließ die Band 1987, um seinen Traumberuf Arzt zu ergreifen. Heute ist er ein angesehener Gynäkologe in Kalifornien.

André Romelle Young, besser bekannt als Dr. Dre, war früher Turmspringer in der Schulmannschaft.

Johnny Marr von The Smiths trat einmal zu einem Probetraining bei Manchester City an. Er sagt, er sei gut genug gewesen, um Fußballprofi zu werden, sei aber nicht wieder angerufen worden, weil er »der einzige Spieler mit Eyeliner« gewesen sei.

Die Selfie-Königin Kim Kardashian mag stets perfekt aussehen, doch der Reality-Star gab zu, an Schuppenflechte zu leiden, einer Autoimmunkrankheit, die die Haut angreift. Auch ihre Mutter, Kris Jenner, hat die Krankheit.

Drew Carey wurde für die selbsterniedrigenden Witze über Dicke bekannt, die er in seiner Rolle als stämmiger Mann aus dem Mittleren Westen in der *Drew-Carey-Show* von sich gab, doch vor seiner Zeit als Stand-up-Comedian war er ein fitter und attraktiver Marinesoldat.

Wissenschaftler haben einen in Höhlen lebenden Albino-Weberknecht nach der *Herr der Ringe*-Figur Sméagol (auch als Gollum bekannt) benannt.

In der Fernsehserie *Pete & Pete* spielt Selma Blair eine Busfahrerin.

Die Dekoration auf Mary-Kate Olsens Hochzeit bestand aus Schüsseln voller Zigaretten.

Als Tony Sirico die Rolle in *Good Fellas* erhielt, hatte er bereits 28 Festnahmen hinter sich.

Der Zweitplatzierte beim »Mr Hässlich«-Wettbewerb in Simbabwe sagte, er hätte den Sieg verdient, weil seine Hässlichkeit natürlicher sei als die des Gewinners.

Die Programmiersprache Python ist nach Monty Python benannt. Die Entwickler verstecken oft Anspielungen auf die Komikergruppe im Code.

Eine britische Familie musste von Feuerwehrleuten aus ihrem brennenden Haus gezerrt werden, weil sie es nicht verlassen wollte. Sie hatte gerade ferngesehen und eilte sofort wieder hinein, um weiterzuschauen, als das Feuer gelöscht war.

Für kurze Zeit gab es einen fünften Beatle. 1964 sprang Jimmie Nicol für sieben Konzerte für Ringo Starr ein, da dieser an Mandelentzündung erkrankt war. Er hatte gehofft, das würde seiner Musikerkarriere einen Schub versetzen, aber der große Erfolg blieb aus.

In den Szenen in *Die durch die Hölle gehen*, in der russisches Roulette gespielt wird, befand sich auf Robert De Niros Anweisung hin eine echte Kugel in der Pistole.

Glaubt man Dan Aykroyd, gab es beim Original-*Blues-Brothers*-Film mit John Belushi ein Budget für Kokain.

Der Regisseur von *Nackt und zerfleischt* wurde zehn Tage nach dem Filmstart in Italien verhaftet, weil ein dortiger Richter überzeugt war, dass eine Pfählszene im Film echt gewesen sein müsse. Der Regisseur musste die Schauspielerin, die gepfählt worden war, suchen und einfliegen lassen, um zu beweisen, dass er keinen Snuff-Film gedreht hatte.

Das US-Kriegsveteranenministerium richtete eine spezielle Hotline für Veteranen des Zweiten Weltkrieges ein, die durch das Anschauen von *Der Soldat James Ryan* traumatisiert waren.

Sean Connery lehnte die Rolle des Gandalf in der Verfilmung von *Der Herr der Ringe* ab – obwohl ihm 15 Prozent der Einnahmen versprochen wurden –, weil er das Drehbuch nicht verstand. Diese 15 Prozent hätten ihm 450 Millionen Dollar eingebracht.

Der Regisseur Eli Roth führte einem isolierten Stamm im peruanischen Amazonasgebiet *Nackt und zerfleischt* vor, um zu zeigen, was ein Film ist. Der Stamm fand den brutalen Horrorfilm lustig.

Im Gegensatz zur Darstellung in *Jurassic Park* hat der *Tyrannosaurus rex* wahrscheinlich nicht gebrüllt. Stattdessen hat er, so glauben Forscher, wohl eher gezischt oder wie eine Klapperschlange gerasselt.

Aufgrund von Han Solos Satz »Dann sehen wir uns in der Hölle wieder« in *Das Imperium schlägt zurück* gibt es eine komplexe Mythologie rund um die Hölle im *Star Wars*-Universum.

Das Godzilla-Kostüm aus dem Film von 1954 war so dick und schwer, dass der Schauspieler es immer nur drei Minuten am Stück tragen konnte und ein spezielles Ventil eingebaut werden musste, um seinen Schweiß abzuleiten.

Als der Bill-Murray-Film *Und täglich grüßt das Murmeltier* 1993 in die Kinos kam, schrieb ein Kritiker der *Washington Post* abfällig, er werde von der Library of Congress nie zu einem Bestandteil des Nationalen Filmguts ernannt werden, doch genau das geschah 2006.

Die Skelette im Film *Poltergeist* sind echt. Als der Regisseur nach dem Grund dafür gefragt wurde, sagte er, das sei billiger gewesen als Plastikexemplare.

Römische Gladiatoren machten vor dem Kampf oft Werbung für bestimmte Produkte. Die Macher des Films *Gladiator* wollten das eigentlich zeigen, entschieden sich dann aber dagegen, weil die Produzenten der Meinung waren, das Publikum würde diese historische Tatsache unglaubwürdig finden.

Heath Ledger bat Christian Bale, ihn in der Verhörszene in *The Dark Knight* wirklich zu verprügeln.

In der ersten Staffel von *Der Prinz von Bel-Air* lernte Will Smith den Text aller Darsteller auswendig. Wenn man genau hinschaut, erkennt man manchmal, wie er den Text anderer lautlos mitspricht.

Beim Anschauen von *Die blaue Lagune* 1980 entdeckte ein Herpetologe eine bisher unbekannte Leguan-Art im Film. Daraufhin spürte er sie auf den Fidschi-Inseln auf und gab ihr ihren wissenschaftlichen Namen.

Josef Stalin erlaubte die Vorführung der Verfilmung von *Die Früchte des Zorns* aus dem Jahr 1940 in der Sowjetunion, weil sie die Unterdrückung der Armen im Kapitalismus zeige. Später wurde sie allerdings doch verboten, weil das sowjetische Publikum erstaunt feststellte, dass selbst die verarmten Bewohner Oklahomas Autos besaßen.

Das Drehbuch *Atuk* wurde nie verfilmt, weil alle Personen, die für die Hauptrolle vorgesehen waren, darunter John Belushi, John Candy und Sam Kinison, vor den Dreharbeiten unerwartet verstarben.

Während der Dreharbeiten zu *Ghostbusters* in New York hatte Bill Murray stets Tausende Dollar Bargeld dabei, das er fortwährend an Obdachlose verteilte.

Als James-Bond-Darsteller kann Daniel Craig einfach in ein Aston-Martin-Geschäft gehen und sich ein Auto mitnehmen.

Ein Video-Editor hat alle Szenen aus *Lost* chronologisch hintereinandergeschnitten. Die neugeschnittene Serie kann in voller Länge im Internet heruntergeladen werden.

In der Szene in *Forrest Gump*, in der Tom Hanks' Figur bei einer Demonstration gegen den Vietnamkrieg das Mikrophon abgeschaltet wird, wird eigentlich Folgendes gesagt: »Manchmal kommen Leute, die in den Vietnamkrieg gehen, ohne Beine wieder zu ihren Müttern zurück. Manchmal kommen sie gar nicht zurück. Das ist schlimm. Und das ist alles, was ich darüber sagen kann.«

Pulp *Fiction, Forrest Gump, Der König der Löwen, Die Verurteilten* und *Jurassic Park* liefen im Oktober 1994 gleichzeitig in den USA im Kino.

Die Original-Filmmusik zu *2001: Odyssee im Weltraum* wurde vom Komponisten Alex North geschrieben. Stanley Kubrick war mit dem Ergebnis unzufrieden und änderte sie in letzter Minute, ohne North darüber zu informieren. Als der Musiker zur Premiere kam, war er am Boden zerstört, dass keine einzige Sekunde seines Werkes im Film verwendet wurde.

Das Geräusch von Godzillas Brüllen wurde erzeugt, indem man mit einem Handschuh über die Saiten eines Kontrabasses strich.

»Neugeborene« Babys in Filmen werden mit einem Gemisch aus Marmelade und Frischkäse eingerieben, damit sie entsprechend aussehen.

Eminem bekam die Hauptrolle im Film *Elysium* angeboten, lehnte sie aber ab, weil sich die Macher des Films weigerten, ihn in Detroit zu drehen, wie es der Rapper verlangte.

In der *Twilight*-Filmreihe gibt es zusammengerechnet 24 Minuten wortloser Blicke.

Am Set von *Resident Evil 5* gab es 16 Verletzte. Die Einsatzkräfte hatten Probleme, die Schwere der Verletzungen auszumachen, weil alle Betroffenen als Zombies verkleidet waren.

Die Produktionskosten von *Grand Theft Auto V* betrugen 265 Millionen Dollar – das ist mehr als bei jedem Hollywood-Film bis auf das 378,5-Millionen-Projekt *Pirates of the Caribbean – Fremde Gezeiten*.

Für die Szene in *Alien*, in der ein Alien aus der Brust eines Mannes bricht, griff der Drehbuchautor Dan O'Bannon auf die Schmerzerfahrungen zurück, die er durch seine Morbus-Crohn-Erkrankung gemacht hatte.

Das Lied »Circus Galop« ist für Pianolas geschrieben und kann nicht von einem Menschen gespielt werden.

Das historische Drama *Russian Ark – Eine einzigartige Zeitreise durch die Eremitage* aus dem Jahr 2002 ist 1 Stunde und 36 Minuten lang und wurde in nur einer Einstellung gedreht.

Am letzten Tag der Dreharbeiten zu *Titanic* versetzte jemand die Hummersuppe des Teams mit der Droge PCP – 80 Leute mussten im Krankenhaus behandelt werden.

Dexter Holland, der Sänger der Band The Offspring, hat einen Doktortitel in Molekularbiologie. Er setzte sein Studium aus, als die Band ihren Durchbruch hatte, nahm es nach seinem 40. Geburtstag aber wieder auf. Er forscht am HI-Virus.

Nicolas Cage legte sich einen Tintenfisch als Haustier zu. Er glaubte, das würde ihm beim Schauspielern helfen.

David Bowies Kokainkonsum hatte 1975 derartige Ausmaße angenommen, dass er sich laut eigener Aussage nicht an die Aufnahme des hochgelobten Albums *Station to Station* erinnern konnte.

1996 drang ein Bewaffneter in einen neu-
seeländischen Radiosender ein und verlangte,
»Rainbow Connection« von Kermit dem Frosch
zu spielen.

DMX, Notorious B. I. G., Busta Rhymes und Jay Z be-
suchten alle die George-Westinghouse-Berufsschule in
Brooklyn (New York).

1972 filmten Pink Floyd ein
Live-Konzert in einem Amphitheater
in Pompeji, aber ohne Zuschauer.

Auf dem Willkommensschild in Kurt Cobains
Heimatstadt Aberdeen im US-Bundesstaat
Washington steht *Come as you are.*

Viele brasilianische Avril-Lavigne-Fans glauben, dass die Pop-Punk-Prinzessin irgendwann
zwischen der Veröffentlichung des ersten und
des zweiten Albums starb und durch eine Dop-
pelgängerin namens Melissa ersetzt wurde, die
nun seit zehn Jahren als Lavigne auftritt.

Chuck Norris' echter Name lautet Carlos Ray Norris.

Paul McCartney malte die Worte *Hey Jude* auf ein Fenster, um die gleichnamige Single der Beatles zu bewerben, doch Mitglieder der örtlichen jüdischen Gemeinde hielten das für ein Nazi-Graffito und warfen das Fenster ein.

Während des finnisch-sowjetischen Fortsetzungskrieges spielte die finnische Armee eine beliebte Polka, um funkgesteuerte Minen der Sowjets zu entschärfen.

Tom Petty, John Mellencamp und Sting untersagten George W. Bush, ihre Songs während seines Wahlkampfs im Jahr 2000 zu spielen.

Wolfgang Amadeus Mozart schrieb ein Stück namens »Leck mich im Arsch«.

Christopher Walken war als Teenager Löwenbändiger im Zirkus. Er bewarb sich auf den Job, weil er »Katzen mochte«.

Da die US Navy dem Regisseur von *Crimson Tide – In tiefster Gefahr* eine Drehgenehmigung verweigerte, wartete die Filmcrew außerhalb einer Marinebasis, bis ein U-Boot auslief, und verfolgte es dann, um das Abtauchen zu filmen.

Der Film *Charlie und die Schokoladenfabrik* aus dem Jahr 1971 wurde vom Unternehmen Quaker Oats finanziert, um dessen Schokoriegel »Wonka Bar« zu bewerben, der nach nur wenigen Monaten wegen geringer Verkaufszahlen aus den Regalen genommen wurde.

Der Film *Nacho Libre* von und mit Jack Black basiert auf der wahren Geschichte eines katholischen Priesters in Mexiko, der zu ringen begann, um Geld für ein Waisenhaus aufzutreiben – eine Idee, die er aus einem mexikanischen Film von 1963 hatte.

Die Chefs von Disney fanden Johnny Depps Darstellung von Captain Jack Sparrow in *Fluch der Karibik* anfangs schrecklich und fürchteten, er würde den Film ruinieren.

Die Hauptdarsteller des Films *Super Mario Bros.*, Bob Hoskins und John Leguizamo, waren während der Dreharbeiten ständig betrunken, weil sie den Film so schlecht fanden.

James Cameron trug während der Dreharbeiten zu *Avatar* angeblich eine Nagelpistole mit sich herum, mit der er jedes Handy an die Wand nagelte, das er klingeln hörte.

Steven Spielberg lehnte ein Honorar für die Regie bei *Schindlers Liste* ab.

Obwohl die Sexexpertin Dr. Ruth Westheimer nur 1,40 Meter groß ist, diente sie als Scharfschützin in der israelischen Armee und wurde im arabisch-israelischen Krieg 1948 schwer verletzt.

In den frühen Tagen seiner Karriere bekam Elvis Presley vom Manager der Radioshow Grand Ole Opry zu hören, er solle lieber Lkw-Fahrer bleiben.

Ein Konzert von Guns N'Roses fing verspätet an, weil Axl Rose den zweiten Ninja-Turtles-Film, *Das Geheimnis des Ooze*, zu Ende gucken wollte.

Wes Craven kam die Idee zu *A Nightmare on Elm Street*, nachdem er etwas über eine geheimnisvolle Epidemie gelesen hatte, die in den 1970er Jahren in Südostasien wütete und eigentlich kerngesunde junge Männer im Schlaf tötete. Sie soll mit posttraumatischen Belastungen in Zusammenhang gestanden haben.

Die letzte Szene in *Platoon* ist einem echten Kampf nachempfunden, an dem Oliver Stone im Vietnamkrieg beteiligt war.

Miley Cyrus kam mit dem Vornamen Destiny Hope zur Welt. Miley ist ein Spitzname, die Abkürzung von »Smiley«, und sie erhielt ihn, weil sie als Baby so oft lächelte. 2008 ließ sie ihren Namen offiziell ändern.

Bill Broyles, der Drehbuchautor von *Cast Away – Verschollen*, zog sich auf der Suche nach Inspiration für das Skript eine Woche lang auf eine einsame Insel zurück. Während der Zeit wurde ein Volleyball angespült, was zur Entstehung der »Figur« Wilson führte.

Jeremy Renner arbeitete als Maskenbildner, bevor er zu einer Hollywood-Größe wurde.

Haley Joel Osment blinzelt im Film *A. I. – Künstliche Intelligenz* nicht ein einziges Mal, weil Steven Spielberg meinte, Roboter würden das nicht tun.

Seann William Scott, bekannt für seine Rolle als Stifler in den *American Pie*-Filmen, hatte erst mit 30 seine erste Freundin.

Walt Disney verlor seine Stelle als Cartoonist bei einer Zeitung in Kansas, weil man ihn für unkreativ hielt.

Als Queen Elizabeth das Set von *Game of Thrones* besuchte, lehnte sie es ab, sich auf den Eisernen Thron zu setzen, weil es ihr nicht erlaubt ist, fremde Throne zu besteigen.

Nachdem Samuel L. Jackson für die Hauptrolle in *Snakes on a Plane* zugesagt hatte, versuchten die Produzenten, den Titel zu ändern, doch Jackson sagte, er wäre nur wegen des Titels dabei.

Der erste 3D-Film entstand 1922, doch er gilt als verschollen oder zerstört.

Die Idee zu *Terminator* kam James Cameron in einem Traum während einer üblen Lebensmittelvergiftung.

Das FBI setzte ein Team auf die Filmcrew von *Borat* an, da mehrere Berichte über einen verdächtig wirkenden Mann aus dem Nahen Osten eingegangen waren, der mit einem Eiswagen durch den Mittleren Westen fuhr.

Steven Spielberg weigerte sich, bei den *Harry Potter*-Filmen Regie zu führen, da sie seiner Meinung nach keine Herausforderung darstellten.

Pierce Brosnan war als Jugendlicher als Feuerschlucker beim Zirkus tätig. Er erlernte diese Fähigkeit, weil im Kurs viele Frauen mit nacktem Oberkörper waren.

Um die letzten Wünsche des Rockstars Gram Parsons zu erfüllen, der im Joshua-Tree-Nationalpark an einer Überdosis gestorben war, entwendeten der Tourmanager und Freunde des Musikers Parsons' Leichnam am Flughafen und fuhren ihn in einem gestohlenen Leichenwagen in den Nationalpark zurück. Am Cap Rock angekommen, versuchten sie, die Leiche einzuäschern, indem sie 15 Liter Benzin in den offenen Sarg gossen und ein brennendes Streichholz hineinwarfen.

Der brasilianische Plattensammler Zero Freitas ist im Besitz von über sechs Millionen Schallplatten – es ist die größte Sammlung der Welt.

In der Türkei wurde ein Mann verhaftet, weil er ein Meme auf Facebook gepostet hatte, das den türkischen Präsidenten mit Gollum verglich. Das Verfahren, in dem man ihm die »Beleidigung eines Regierungsbeamten« vorwarf, wurde verschoben, als der Richter und der Staatsanwalt zugaben, sie hätten die *Herr der Ringe*-Filme nicht gesehen und könnten nicht beurteilen, ob ein Vergleich mit Gollum eine Beleidigung sei.

Truman Capote beleidigte Robert Frost so sehr, dass Frost herausfand, wo Capote arbeitete (beim *New Yorker*-Magazin), und ihn feuern ließ. Was hatte Capote getan? Er hatte eine Lyriklesung von Frost vorzeitig verlassen, weil er erkältet war.

Der englische Sänger Morrissey schrieb einen erotischen Roman, *List of the Lost*.

Vin Diesel ist ein Anagramm von »I end lives« (Ich beende Leben). Sein bürgerlicher Name lautet Mark Sinclair.

Obwohl Johnny Depp im Film *Chocolat* mitspielte, war er als Kind gegen Schokolade allergisch.

Lou Begas »Mambo No. 5« war ursprünglich als Song für den Parteitag der US-Demokraten im Jahr 2000 ausgewählt, doch dann wurde die Idee wegen der Zeile »A little bit of Monica in my life« doch fallengelassen.

Nicolas Cage wurde einst von einem Pantomimen verfolgt, den er als »still – aber möglicherweise tödlich« beschrieb.

Keith Richards, der Gitarrist der Rolling Stones, behauptet, er habe das Riff in »(I Can't Get No) Satisfaction« im Traum gehört, es aufgenommen und sei dann wieder eingeschlafen.

Die US Navy setzt die Musik von Britney Spears ein, um somalische Piraten zu vertreiben.

Der Sänger der Death-Metal-Band Hatebeak ist ein Graupapagei.

Madonna flog bei Dunkin' Donuts raus, weil sie Kunden mit der Marmelade aus gefüllten Donuts bespritzt hatte.

Bei fünf Prozent aller Menschen löst Musik keine emotionale Reaktion aus.

Die Band Queen gewann niemals einen Grammy.

1986 stellte EMI den Red Hot Chili Peppers 5000 Dollar zur Verfügung, um ein Demo-Tape aufzunehmen. Die Band kam mit 3000 aus und gab den Rest für harte Drogen aus.

Bevor Jerry Springer in den USA zu einem Fernsehstar wurde, war er Bürgermeister von Cincinnati.

Im Rahmen von Studentenprotesten zu Zeiten der Bürgerrechtsbewegung gehörte Samuel L. Jackson einer Gruppe an, die Martin Luther King sen. als Geisel hielt.

Creed spielte einmal ein Konzert, das so furchtbar war, dass die Fans die Band auf zwei Millionen Dollar verklagten.

Der psychedelische Musiker Jim Sullivan brachte 1969 ein Album mit dem Titel *U. F. O.* heraus und verschwand sechs Jahre später spurlos. Man hat nie wieder etwas von ihm gehört.

Der Schwede Roger Tullgren bezieht wegen seiner Heavy-Metal-Sucht eine Invalidenrente.

Steve Buscemi war Feuerwehrmann, bevor er Schauspieler wurde. Er arbeitete vier Jahre lang bei der New Yorker Feuerwehr und schloss sich in den Tagen nach dem 11. September seinen alten Kollegen an, um nach Opfern zu suchen. Dafür erhielt er 2014 einen Ehrentitel der New Yorker Feuerwehr.

Die englische Acid-House-Band The KLF verbrannte 1994 eine Million Pfund, den Großteil ihrer Einnahmen, in einem Bootshaus auf der schottischen Insel Jura. Anfangs bereute die Band die Aktion nicht, doch 2003 meinte das Bandmitglied Bill Drummond zur BBC: »Es ist schwer, das seinen Kindern zu erklären, und es wird nicht leichter. Ich wünschte, ich könnte erklären, warum ich es getan habe, damit die Leute es verstehen.«

Paul Newman brachte Jake Gyllenhaal das Autofahren bei.

Kobe Bryant spricht fließend Italienisch. Bryants Vater war ebenfalls Basketballprofi, wenn auch deutlich weniger erfolgreich. Nach mehreren Jahren in der NBA zog er mit seiner Familie nach Italien, um dort zu spielen.

Nicki Minaj wurde eigenen Aussagen zufolge bei mindestens fünf verschiedenen Red-Lobster-Filialen gefeuert. Einmal jagte sie einem Kunden hinterher, der ihren Kugelschreiber nach dem Unterschreiben der Rechnung eingesteckt hatte.

Drei Russinnen mussten 15 Tage ins Gefängnis, weil sie in der Öffentlichkeit getwerkt hatten.

Justin Timberlakes Mutter war für kurze Zeit gesetzlicher Vormund von Ryan Gosling.

Taylor Hicks, der Gewinner der fünften Staffel von *American Idol* (der US-amerikanischen Version von *DSDS*), bekam 63 Millionen Stimmen – das sind mehr als die 54,5 Millionen Stimmen, die Ronald Reagan 1984 zum US-Präsidenten machten.

Der Kalifornier Juan Catalan saß fünf Monate wegen Mordes im Gefängnis, bevor er entlassen wurde und vor Gericht 320 000 Dollar wegen polizeilichen Fehlverhaltens zugesprochen bekam. Warum er freikam? Auf Aufnahmen von einem Baseball-Spiel der Los Angeles Dodgers für Larry Davids Sendung *Lass es, Larry* (Originaltitel: *Curb Your Enthusiasm*) war Catalan im Stadion zu sehen, was ihm ein Alibi für die Tatzeit verschaffte.

James Lipton, der Moderator der Sendung *Ungeschminkt*, war in den 1950er Jahren für kurze Zeit als Zuhälter in einem Pariser Bordell tätig.

Als Oasis »Fade In-Out« für das Album *Be Here Now* aufnahmen, war Noel Gallagher zu betrunken und high, um die Slide-Gitarre zu spielen. Da Johnny Depp zu der Zeit gerade im Studio war, sprang er für Gallagher ein.

Obwohl Tim Allen vor allem für seine Rollen in Familienfilmen bekannt ist, saß er zwei Jahre im Gefängnis, weil er mit 650 Gramm Kokain erwischt wurde.

Woody Harrelsons Vater war Auftragskiller. Er
wurde zweimal wegen Mordes – unter anderem an einem Bundesrichter – verurteilt und
behauptete einmal, er habe John F. Kennedy
umgebracht (eine Aussage, die die Beamten
seinem Kokainrausch zuschrieben und nicht
ernst nahmen).

> **J.** K. Rowling, die Autorin der *Harry
> Potter*-Romane, verlor ihre Stelle als
> Sekretärin, weil sie zu oft vor sich hin
> träumte.

Dennis Rodman behauptet, er habe
47 Geschwister.

Gossip Girl-Star Leighton Meester kam im
Gefängnis zur Welt. Ihre Mutter saß zu der
Zeit ein, weil sie Teil eines Schmugglerrings
gewesen war, der Marihuana aus Jamaika in die
USA gebracht hatte.

-POPKULTUR-

1. Welcher Song erklang zum Zeitpunkt, als John Lennon starb, aus der Musikanlage im Krankenhaus?
   a. »Imagine«
   b. »All My Loving«
   c. »Hold My Hand«
   d. »Hey Jude«

2. Womit dekorierte Mary-Kate Olsen ihre Hochzeitsfeier?
   a. Äpfeln
   b. langstieligen Rosen
   c. Zigaretten
   d. Fruchtgummi

3. Wie viele Minuten wortloser Blicke kommen zusammengerechnet in der *Twilight*-Filmreihe vor?
   a. 24
   b. 45
   c. 10
   d. 60

4. Welchen Job übte Christopher Walken in jungen Jahren aus?
   a. Seehundtrainer
   b. Tierarzthelfer
   c. Löwenbändiger
   d. Krabbenfischer

Auflösung: 1. B; 2. C; 3. A; 4. C

ESSEN,
TIERE,
GEGENSTÄNDE
& MEHR!

Tequila haben wir Fledermäusen zu verdanken. Sie sind die wichtigsten Bestäuber der Agave, aus der Tequila hergestellt wird.

Der kleinste lebende Hund ist ein Chihuahua namens Miracle Milly, der weniger als ein Pfund wiegt und bei der Geburt auf einen Teelöffel passte.

Norwegen hat einen Pinguin in den Ritterstand erhoben. Er heißt Nils Olav und ist ein Brigadegeneral ehrenhalber der königlichen Garde.

Burrito ist das spanische Wort für »kleiner Esel«.

Schweine schwitzen nicht, sie haben keine Schweißdrüsen. Deshalb wälzen sie sich im Schlamm: Das kühlt sie ab.

Hunde entleeren ihren Darm am liebsten, wenn ihr Körper entlang der magnetischen Feldlinien von Nord nach Süd ausgerichtet ist, doch beim Pinkeln ist ihnen das egal.

Tauben haben mikroskopisch kleine Eisenkugeln in den Ohren, die vielleicht erklären, wie sie sich orientieren.

Für Biber werden die Tage im Winter tatsächlich länger. Sie verbringen diese Jahreszeit zumeist in ihrem Damm, und weil dort kaum Sonnenlicht eindringt, folgt ihre innere Uhr dann einem 29-Stunden-Zyklus.

Blauwalkälber nehmen täglich 90 Kilogramm zu.

Die Behörden in Louisville im US-Bundesstaat Kentucky kündigten ihren Mitarbeitern per E-Mail Disziplinarmaßnahmen an, nachdem an den Wänden neben den Urinalen auf der Männertoilette massenhaft Popel gefunden wurden.

Es gibt auf der ganzen Welt nur noch zwei Nördliche Breitmaulnashörner. Die beiden Weibchen leben in einem Reservat in Kenia und werden von bewaffneten Wachen beschützt.

Ein Zoo in England füttert seine Affen aus gesundheitlichen Gründen nicht mehr mit Bananen.

Der Verzehr von Joghurt oder Milch zusammen mit einem Hot Dog verringert das Krebsrisiko.

Jeder US-Amerikaner verzehrt etwa fünf Pfund Butter im Jahr – in den 1920er Jahren lag der Wert eher bei sechzehn Pfund.

Menschen stellen schon seit über 9000 Jahren Wein her. Doch die ersten Weine enthielten Gewürze, Kräuter und sogar Kiefernharz und schmeckten vermutlich eher wie Terpentin als wie Merlot.

Auf Oliven wimmelt es vor Bakterien. Eingelegte Oliven enthalten die gleichen Probiotika wie Joghurt.

1924 entdeckte Michiyo Tsujimura Vitamin C in grünem Tee, was die Beliebtheit des Getränks in Nordamerika enorm ansteigen ließ.

Eine Portion Grünkohl enthält 1180 Prozent der empfohlenen Tagesdosis an Vitamin K. Das Vitamin ist nach dem Fachwort für Blutgerinnung, »Koagulation«, benannt, weil es eine wichtige Rolle bei der Regulierung der Gerinnung spielt.

Wildschweine waschen ihre Nahrung ab, bevor sie sie fressen – meist mit Wasser, aber manchmal auch mit Speichel, wenn sie faul sind.

Ein Mann aus dem US-Bundesstaat Wisconsin ließ 240 Donuts an die örtliche Polizeiwache schicken, nachdem die Polizisten ihn aus einem Fußballstadion verwiesen hatten. Die Beamten spendeten die Donuts an die Heilsarmee mit der Begründung, sie seien angewiesen, sich gesund zu ernähren. Außerdem waren es Donuts mit Kokosgeschmack, was keiner der beschenkten Polizisten mochte.

In Japan kommt auf je 23 Einwohner ein Snackautomat.

Schildkröten fressen Steine aus Langeweile.

Die Erfindung der Mikrowelle geschah durch Zufall, als der Ingenieur Percy Spencer an einem Radargerät vorbeilief und ein Schokoriegel in seiner Tasche schmolz. Die erste Speise, die bewusst in einem Mikrowellenherd zubereitet wurde, war Popcorn.

40 Prozent aller Lebensmittel in den USA landen im Müll statt im Magen. Das entspricht monatlich etwa neun Kilogramm pro Person.

Aufgrund eines genetischen Defekts können Katzen nichts Süßes schmecken.

Unter Los Angeles verlaufen über 17 Kilometer unterirdische Tunnel. Während der Prohibition gab es dort eine Vielzahl von illegalen Kneipen.

Der ursprüngliche Besitzer der US-Restaurantkette »Red Lobster« begann seine Gastronomielaufbahn mit einer Lunchbar namens »Green Frog«.

Ein riesiges Erdloch, das sich unter dem National Corvette Museum in Kentucky auftat, verschluckte acht klassische Corvettes.

Ein Pfarrer und seine Frau verklagten einen Blinden und seinen Blindenhund, weil der Hund der Frau auf den Fuß getreten und ihr die Zehen gebrochen habe. Laut Zeugen bewegte sich die Frau nicht von der Stelle, als der Hund sich näherte, weil sie herausfinden wollte, ob er um sie herumlaufen würde.

Ein neues Paar Lederschuhe wird weicher, wenn man einen Föhn darauf richtet.

In Bolivien wurde 2004 eine neue Affenart entdeckt. Die Wissenschaftler, die sie gefunden hatten, versteigerten das Recht der Namensgebung, um Mittel für den Nationalpark, in dem die Affen leben, aufzutreiben. Es ging an ein Online-Kasino, und nun heißen die Affen Golden-Palace.com-Affen.

Coca-Cola kostete über 70 Jahre lang konstant fünf Cent. Ein wichtiger Grund dafür war, dass die Coca-Cola-Automaten nur Fünf-Cent-Münzen nahmen. Der Unternehmenschef bat den US-Präsidenten Eisenhower einmal sogar, 7,5-Cent-Münzen einzuführen, weil ihm eine Verdoppelung des Preises zu drastisch erschien.

In Ohio rief eine Frau, die mit ihrem gelieferten chinesischen Essen nicht zufrieden war, beim Notruf an. Statt ihr Geld zurückzubekommen, wurde sie festgenommen.

Eine peruanische Bulldogge namens Otto hält den Weltrekord für die Skateboard-Fahrt durch den längsten von Menschen gebildeten Tunnel.

In Australien gibt es doppelt so viele Kängurus wie Menschen. In Iowa kommen auf einen Menschen sieben Schweine.

Der offizielle Vogel der Stadt Madison in Wisconsin ist ein Plastikflamingo zur Dekoration von Rasenflächen. Das Design stammt von Don Featherstone.

Der US Postal Service lässt die Post am Grund des Grand Canyon per Esel zustellen.

Es stimmt nicht, dass sich Lemminge kollektiv von Klippen stürzen. Dieser Mythos stammt aus einer Disney-»Dokumentation« aus dem Jahr 1958, für die die Filmmacher die Tiere eigenhändig in die Tiefe warfen.

In Nashville gibt es einen münzbetriebenen Verkaufsautomaten für Gebrauchtwagen.

Das in einigen Regionen der USA erhältliche Salzbrot riecht nach Käsefüßen – statt Hefe wirken darin die Bakterien, die auch Gasbrand auslösen. Der Ursprung des Brotes ist nicht gesichert, doch wahrscheinlich wurde es zu Beginn des 19. Jahrhunderts von Pionieren in den Appalachen erfunden.

Eine beliebte Verschwörungstheorie im Nahen Osten wirft Israel vor, mit elektronischen Geräten versehene Haie als Waffe gegen Palästina einzusetzen.

2015 starben auf einmal 50 Prozent der Saiga-Antilopen, und niemand weiß, warum.

Eine vier Millimeter lange Art der Pseudoskorpione lebt in alten Büchern und schützt sie, indem sie die mikroskopisch kleinen Tiere frisst, die sich sonst am Papier laben würden.

Delphine haben unter allen nichtmenschlichen Tieren das beste Erinnerungsvermögen und erkennen das Pfeifen vertrauter Artgenossen noch nach 20 Jahren Trennung wieder.

Das lauteste Geräusch aller Tiere auf Erden stößt mit 188 Dezibel der Blauwal aus.

Opossums sind gegen fast jedes Gift immun. Daher arbeiten Forscher im Augenblick daran, diese Fähigkeit für die Behandlung von Menschen mit Vergiftungen nutzbar zu machen.

Die Floskel »Bei den Dreharbeiten zu diesem Film kam kein Tier zu Schaden« kann in den Abspann jedes Films gesetzt werden, auch wenn Tiere zu Tode kamen, solange sie nicht direkt vor der Kamera starben.

Es stimmt, dass die Vampirfledermaus ihrer Beute das Blut aussaugt. Ebenfalls richtig, wenn auch weniger bekannt, ist die Tatsache, dass die Vampirfledermaus auf ihre Beute uriniert, während sie sie aussaugt.

Das Säbelzahneichhörnchen aus dem Kinder-Animationsfilm *Ice Age* aus dem Jahr 2002 war eigentlich eine Erfindung. Doch dann wurden 2011 Fossilien einer solchen Spezies gefunden.

Der Japanmakak, eine Affenart, formt und wirft zu seinem Vergnügen Schneebälle.

Der Chinesische Riesensalamander kann fast zwei Meter lang werden. Der Japanische Riesensalamander sondert eine Flüssigkeit ab, die nach Pfeffer riecht.

Wenn eine Gans sich im Flug verletzt oder erkrankt, verlassen zwei andere Gänse die Formation und beschützen ihren Artgenossen, bis er wieder gesund ist oder stirbt.

Mit 400 Millionen Jahre alten Fossilien sind die Weberknechte älter als die ältesten Dinosaurier.

Grillen enthalten anteilig betrachtet doppelt so viel Protein und dreimal so viel Eisen wie Rindfleisch.

Das Fertiggericht »Macaroni and Cheese« von Kraft ist in Kanada beliebter als überall sonst auf der Erde.

»Bambi-Effekt« ist ein Begriff, der anekdotisch oder in den Informationsmedien verwendet wird und die Ablehnung des Tötens von Tieren bezeichnet, die als niedlich empfunden werden – wie Rehe oder Delphine.

Das Popcorn im Kino kostet pro Kilo mehr als Filet mignon.

Nestlé hat in Japan schon Kit-Kat-Riegel in über 200 Geschmacksrichtungen verkauft, darunter Sojasoße, Créme brûlée, grüner Tee und Banane.

Normale Cola geht wegen des Zuckergewichts im Wasser unter, Cola light schwimmt oben.

Cooter Brown war den gesamten amerikanischen Bürgerkrieg über betrunken, um so seine Einziehung zu verhindern.

Im britischen Parlament herrscht Alkoholverbot, mit einer Ausnahme: Bei der jährlichen Haushaltsvorstellung darf der Finanzminister trinken.

Zu Kolonialzeiten trank in den USA jeder Mensch, der älter als 15 war, im Schnitt täglich die Menge Alkohol, die sieben Gläsern Schnaps entspricht.

Ein Bonobo mit Namen Kanzi fragte auf einer Wanderung durch einen Wald mit Hilfe von Lexigrammen nach »Feuer« und »Marshmallows«. Daraufhin gab ihm sein Trainer Streichhölzer und ein paar Marshmallows. Der Affe zerkleinerte Zweige, machte Feuer und röstete die Süßigkeit darüber.

In einem japanischen Zoo versuchte man vier Jahre lang erfolglos, zwei Hyänen zur Paarung zu bewegen, bevor man feststellte, dass es sich um zwei Männchen handelte.

Koalas sind neben Menschen und Menschenaffen die einzigen Tiere mit einzigartigen Fingerabdrücken.

Das Wort »Sommelier« bezog sich ursprünglich auf einen Butler, der für die Vorräte und die Speisekammer auf einem großen Anwesen zuständig war. Heute bezeichnet es einen Weinexperten.

Viele Historiker glauben, dass die Gewohnheit, mit Gläsern anzustoßen und dazu »Prost« oder »Zum Wohl« zu sagen, aus dem Mittelalter stammt. Da es damals durchaus gängig war, seine Feinde zu vergiften, gossen viele Leute etwas Wein aus ihrem Becher in den des Mittrinkenden, so dass im Zweifelsfall beide vergiftet würden. Dabei stießen die beiden Becher oft zusammen. Als sich die Zeiten änderten und man sich weniger Gedanken über Gift im Getränk machen musste, starb der Brauch, Wein aus einem Trinkgefäß ins andere zu gießen, aus, doch die Tradition, die Gläser gegeneinanderzustoßen und einen Ausspruch zu tätigen, blieb bestehen.

Die ersten Hinweise auf die Herstellung von Wein wurden im Zagros-Gebirge im heutigen Iran gefunden. Dort entdeckten Archäologen Gefäße aus dem Jahr 5400 v. Chr., in denen Wein gereift und gelagert worden war.

In den USA wird an Thanksgiving der meiste Wein getrunken, mehr als an jedem anderen Tag im Jahr.

Die älteste Flasche Wein wurde 1867 im Grab eines römischen Adligen in Speyer gefunden. Sie soll aus der Zeit um 325 v. Chr. stammen und ist heute im Historischen Museum der Pfalz ausgestellt.

Der Vatikanstaat ist laut der Weinbranche das Land der Welt, in dem pro Kopf am meisten Wein konsumiert wird.

Ein Glas Wein enthält im Schnitt eine Rispe Trauben, etwa 75 Beeren. Pro Flasche sind es vier Rispen, was gut einem Kilogramm Trauben entspricht.

Champagner muss aus der französischen Region Champagne kommen, sonst heißt er anders, etwa Schaumwein oder Sekt.

Das Weinanbaugebiet Napa Valley lockt jährlich mehr Touristen nach Kalifornien als Disneyland.

Die Brotherhood Winery in Washingtonville (Bundes-staat New York) gilt als ältestes ununterbrochen betriebenes Weingut der USA. Der erste Jahrgang, der hier geerntet wurde, war der von 1839. Das Weingut überstand die Prohibitionszeit durch den Verkauf von Messwein und nichtalkoholischen Getränken.

Die alten Griechen empfanden es als ungesittet und unzivilisiert, Wein pur zu trinken. Sie vermischten ihn zu gleichen Teilen mit Wasser und gaben oft auch Kräuter hinein.

Der Begriff »blanc de noir« bedeutet wörtlich »Weiß aus Schwarz« oder »Weiß der Dunkelheit«. Er bezeichnet Weißwein, der aus roten oder schwarzen Trauben gekeltert wird.

Wein und Champagner ist in 13 standardisierten Flaschengrößen erhältlich:
- Piccolo – 0,2 oder 0,25 Liter
- Demi – 0,375 Liter
- Standard – 0,75 Liter
- Magnum – 1,5 Liter
- Jeroboam oder Doppelmagnum – 3 Liter
- Rehoboam – 4,5 Liter
- Methusalem oder Impériale – 6 Liter
- Salmanazar – 9 Liter
- Balthasar – 12 Liter
- Nebukadnezar – 15 Liter

- Melchior oder Goliath – 18 Liter
- Primat – 27 Liter
- Melchisedech oder Midas – 30 Liter

Incitatus, das Lieblingspferd des römischen Kaisers Gaius, der unter dem Namen Caligula bekannt ist, erhielt einen eigenen Sitz im römischen Senat.

Der Erste, der schwarze Katzen öffentlich anprangerte und sie mit Teufelsanbetung in Verbindung brachte, war Papst Gregor IX. Die anschließende Massentötung von Katzen hat möglicherweise zur Ausbreitung der Beulenpest beigetragen, da es weniger Katzen gab, die Ratten getötet hätten, die Wirte von pestübertragenden Flöhen.

Bei den Bienen sind alle Arbeiterinnen Weibchen, ebenso wie die Königin. Drohnen sind ausnahmslos Männchen und haben keinen Stachel.

Bienen haben zwei Mägen: einen für Nahrung und einen zur Aufbewahrung von Nektar.

Die durchschnittliche Honigbiene erzeugt in ihrem Leben etwa 1/12 eines Teelöffels Honig.

Bienen nutzen die Bienenwaben, um darin ihren Nachwuchs großzuziehen und Nektar, Honig, Pollen und Wasser zu lagern.

Der Chocolate-Chip-Cookie wurde Mitte der 1930er Jahre von Ruth Graves Wakefield erfunden. Sie führte das Toll House Inn, ein beliebtes Restaurant in Whitman (Massachusetts). Wakefield behauptet, der Chocolate-Chip-Cookie sei durch eine Abwandlung eines klassischen Karamell-Nuss-Cookie-Rezepts entstanden. Bis heute steht auf der Rückseite jeder Packung Chocolate-Chips-Cookies von Nestlé, die in den USA verkauft wird, das Originalrezept von Ruth Graves Wakefield.

Gruppen von Walen oder Delphinen heißen »Schulen«.

Familien von Gänsen oder Enten werden von Jägern »Schoof« genannt.

Ein Mann aus Wisconsin ließ ein Stück Cheddar 40 Jahre lang reifen, bevor er es verkaufte. Der Käse soll recht kräftig gewesen sein.

Eine Gruppe von Wildschweinen heißt »Rotte«.

Zusammenlebende Gruppen von Bibern oder Flamingos nennt man »Kolonien«.

Das Mindesthaltbarkeitsdatum auf Wasser benennt nicht den Tag, an dem das Wasser schlecht werden könnte. Es ist der Zeitpunkt, ab dem die Chemikalien aus der Flasche ins Wasser übergehen und den Geschmack beeinträchtigen könnten.

Quallen bestehen zu 95 Prozent aus Wasser.

Giraffen halten es länger ohne Trinkwasser aus als Kamele.

Die McDonald's-Filiale in Sedona im US-Bundesstaat Arizona ist weltweit die einzige, bei der das geschwungene »M« nicht goldfarben, sondern türkis ist. Man war der Meinung, die Farbe passe besser zur rötlichen Wüstenumgebung.

Im Gebäude des Obersten Gerichtshofes der USA gibt es ein Basketballfeld. Es wird oft scherzhaft als »highest court in the land« bezeichnet (ein Wortspiel mit den verschiedenen Bedeutungen von »court« – »Spielfeld« und »Gerichtshof«), weil es sich direkt über dem Gerichtssaal befindet.

Fred Baur, der Erfinder der Pringles-Chips-Verpackung, ließ seine Asche nach seinem Tod in einer Pringles-Dose bestatten.

Die Kartoffelchips wurden vom Koch George Crum erfunden. Dieser musste sich eines Abends im Jahr 1853 mit einem schwierigen Gast herumschlagen, der die frittierten Kartoffeln mehrmals zurückgehen ließ, weil sie nicht knusprig genug seien. Schließlich schnitt Crum die Kartoffeln in papierdünne Scheiben und warf sie in die Fritteuse. Der kritische Kunde war begeistert, ebenso wie alle anderen, die sie probierten, und so entstanden die Kartoffelchips.

Zwei Forscher des Konzerns 3M, Spencer Silver und Art Fry, gelten als Erfinder der Post-its. Beide hatten an der Entwicklung eines schwachen Klebstoffs gearbeitet, fanden aber keine Verwendung dafür, bis Fry eines Tages bei einer Chorprobe bemerkte, dass seine Markierungen immer wieder aus den Noten fielen, und ihm die Idee zu den Post-it-Haftzetteln kam.

In den USA ist der größte Schein heute die 100-Dollar-Note. Doch früher gab es auch 500-, 1000-, 5000- und sogar 10 000-Dollar-Scheine. Einige wenige dieser großen Scheine sind noch im Umlauf. 2009 schätzte die Federal Reserve, dass weiterhin 336 10 000-Dollar-Scheine, 342 5000-Dollar-Scheine und 165 372 1000-Dollar-Scheine existierten. Dabei handelt es sich um begehrte Sammlerstücke, die oft für deutlich mehr als den aufgedruckten Wert verkauft werden. Auf dem 500-Dollar-Schein ist William McKinley zu sehen, auf dem 1000-Dollar-Schein Grover Cleveland, auf dem 5000-Dollar-Schein James Madison und auf dem 10 000-Dollar-Schein Salmon P. Chase. Obwohl all diese Scheine seit 1969 nicht mehr gedruckt werden, handelt es sich weiterhin um legale Zahlungsmittel, die auch heute noch verwendet werden könnten.

Eiscreme in Waffelhörnchen gibt es seit der Weltausstellung 1904 in St. Louis. An einem besonders heißen Tag lief das Geschäft der Eisverkäufer bestens, während die Waffelverkäufer auf ihrer Ware sitzenblieben. Als einem Eisverkäufer die Becher ausgingen, in denen er das Eis servierte, rollte ein Waffelverkäufer eine Waffel zu einem Hörnchen und schlug dem Eismann dieses als Behältnis vor. Die Kombination wurde zum Hit.

Die englische Bezeichnung »pound cake« (»Pfundkuchen«) für Rührkuchen geht auf das ursprüngliche Rezept zurück, laut dem zur Zubereitung je ein Pfund Butter, Zucker, Eier und Mehl benötigt wurden.

In den südkoreanischen Filialen von Dunkin' Donuts kann man Kimchi-Kroketten und glasierte Donuts mit Knoblauchgeschmack kaufen.

Der Teebeutel war ursprünglich nicht zur Zubereitung von Tee gedacht, sondern zur einfachen Verteilung von Teeproben.

Falsch zubereiteter Fugu oder Kugelfisch kann tödlich sein. Der Fisch enthält ein starkes Gift – 1200-mal stärker als Zyanid –, das vor dem Servieren von einem fähigen Koch entfernt werden muss. In Japan gilt der Fisch als Delikatesse.

McDonald's verkauft pro Sekunde im Schnitt 75 Hamburger.

Ein Fast-Food-Hamburger kann Fleisch von 100 oder mehr Kühen enthalten.

Erdnüsse sind genau genommen gar keine Nüsse, sondern Hülsenfrüchte.

Extrem große Mengen Muskatnuss wirken wie eine halluzinogene und dissoziative Droge.

Yams und Süßkartoffeln sind nicht das Gleiche; es handelt sich um zwei unterschiedliche Wurzelgemüse.

Gurken bestehen zu 96 Prozent aus Wasser.

Kängurus sind bei der Geburt nur etwa 2,5 Zentimeter groß, kleiner als viele Insekten.

Ein einzelner Elefantenzahn kann bis zu vier Kilogramm wiegen.

Sowohl Schafe als auch Kaninchen sind gegen den Biss der Schwarzen Witwe immun.

Haie töten etwa zehn Menschen im Jahr, während Menschen jährlich Millionen Haie umbringen.

Der Geruchssinn von Hunden ist ungefähr 100 000-mal besser als der des Menschen.

Katzen sind fähig, unser Handeln zu steuern, aber nicht so, wie wir es von bösen Wissenschaftlern aus Filmen kennen. Untersuchungen haben gezeigt, dass Katzen den Klang ihres Miauens so verändern können, dass es eher wie das Weinen eines Babys klingt, und uns dadurch dazu bringen, sie zu füttern, uns ihnen zuzuwenden und so weiter.

Die Haut von Eisbären ist unter dem weißen Fell fast schwarz.

Eselspinguine schenken ihren potentiellen Partnern vor der Paarung glattgeschliffene Kiesel.

Fische bekommen Fieber, wenn sie emotional werden.

Die meisten Hauskatzen verabscheuen Wasser, doch Leoparden sind elegante Schwimmer.

Kleinwüchsige Schweine erfreuen sich als Haustiere in letzter Zeit steigender Beliebtheit, werden aber oft verstoßen, wenn sie zu groß werden. Einige skrupellose Züchter geben Schweine, die für die Landwirtschaft gedacht waren, als Haustierschweine aus.

In Florida vertrieb ein Angestellter eines Lebensmittel-geschäfts einen Räuber, der als Darth Vader verkleidet war, indem er ihm eine Flasche Blauschimmelkäse-Salat-dressing an den Kopf warf.

Den Rekord für die schnellste Lösung eines Zauberwürfels in nur 4,9 Sekunden hält der vierzehnjährige Lucas Etter.

Aus unbekannten Gründen haben Wissenschaftler eine Peperoni gezüchtet, die nicht scharf ist.

Bei einer kalifornischen Filiale der Fast-Food-Kette Taco Bell kann man das Auto von einem Angestellten parken lassen.

Der seltenste Primat der Erde ist der Hainan-Schopf-gibbon. Die Tiere, denen Heilkräfte nachgesagt werden, landeten früher oft ganz im Kochtopf, um eine stärkende Paste zu erstellen. Heute leben nur noch 28 Exemplare auf einer kleinen Insel vor der Südküste Chinas.

Das klügste Pferd der Welt ist ein früheres Rennpferd namens Lukas, das einfache Mathe-aufgaben und Buchstabiertests lösen kann.

In einem Dorf in Ghana lebt eine Gruppe ungewöhnlich sanftmütiger Krokodile. Die Einheimischen glauben, dass sich die Seelen ihrer Vorfahren in den Tieren niedergelassen haben. Sie haben noch nie jemanden angegriffen und lassen sich sogar streicheln.

Das Schnabeltier ist nicht das einzige Säugetier, das Eier legt. Ameisenigel, die wie Ameisenbären aussehen, aber nicht mit ihnen verwandt sind, tun das ebenso. Die Männchen haben vierköpfige Penisse. Die Tiere sind entfernt mit den Schnabeltieren verwandt, doch die beiden Arten entwickelten sich vor 19 bis 48 Millionen Jahren auseinander.

Die meisten Palmen in Los Angeles stammen gar nicht aus Kalifornien. Viele der ikonischen Pflanzen der Stadt wurden während der Großen Depression im Rahmen einer Arbeitsbeschaffungsmaßnahme gepflanzt.

Die Kieselkröte trägt ihren Namen, weil sie sich bei Gefahr zu einer Kugel zusammenzieht und so oft Hügel hinabrollt.

Bei Orangensaft müssen bis zu einer Trillion Entschei-dungsvariablen analysiert werden, um ein konstantes Produkt zu erzeugen, das immer gleich schmeckt, was das Saftgeschäft zu einem der komplexesten der Welt macht.

Es gibt mindestens sieben belegte Fälle, in de-nen Menschen von fliehenden Kühen gerammt wurden. Zum Glück ging die Sache meist nicht tödlich aus (zumindest für die Menschen).

Eine Frosties-Frühstücksflocke in der Form von Illinois brachte bei eBay 1350 Dollar ein.

Pepsi löste 1993 auf den Philippinen Unru-hen aus, als es bei einer Lotterie mit einem Hauptgewinn von einer Million Pesos (etwa 40 000 Dollar) versehentlich 800 000 Gewin-ner gab. Bewaffnete warfen Molotow-Cocktails auf Pepsi-Fabriken, und die Sache kostete das Unternehmen im Endeffekt Millionen.

Der teuerste Kaffee der Welt wird aus Kaffeebohnen hergestellt, die sich in Elefantenkot finden. Sie gehen für 1100 Dollar pro Kilo über den Ladentisch.

Die erste Kentucky-Fried-Chicken-Filiale befand sich in Salt Lake City im US-Bundesstaat Utah; Colonel Sanders, der Gründer der Fast-Food-Kette, stammt aus Indiana. Sanders hatte zuvor zwar schon ein Restaurant in Kentucky, doch das hieß »Sanders Court and Café«.

Es ist möglich, Vanillearoma aus Kuhfladen zu extrahieren.

In der Norm BS 6008:1980 der Internationalen Organisation für Normung, Technisches Komitee 34 (Nahrungsmittel), Unterkomitee 8 (Tee), auch als ISO 3103 bekannt, wird detailliert vorgeschrieben, wie die Zubereitung einer Tasse Tee auf britische Weise abzulaufen hat. Die Norm löste eine kleine Kontroverse aus, weil sie das Vorwärmen der Teekanne nicht erwähnt.

Hákarl ist eine isländische Spezialität aus fermentiertem Haifleisch, das zwölf Wochen lang in der Erde vergraben wird. Obwohl es theoretisch essbar ist, enthält es große Mengen Ammoniak. Normalerweise kippt man einen Schnaps hinterher.

Mücken werden gleichermaßen vom Geruch von Limburger Käse und Menschenfüßen angezogen.

Volle Bierflaschen zerbrechen schneller als leere.

Kühe, die einen Namen haben, geben tendenziell mehr Milch.

Amerikanische Zehn-Cent-Münzen haben 118 Riffel am Rand, Vierteldollar-Münzen 119.

Die Farbe der Golden Gate Bridge heißt offiziell »International Orange«.

Die Burger, die in vielen US-Schulen zum Mittagessen serviert werden, bestehen aus 26 Zutaten.

Schimpansen können einzelne ihrer Artgenossen durch einen Blick auf das Hinterteil erkennen.

Die Durianfrucht ist eine große, stachelige Frucht aus Südostasien, die manche Leute köstlich finden, während die meisten anderen meinen, sie stinke nach Terpentin oder ungeklärtem Abwasser. Der Geruch ist so überwältigend, dass die Frucht in vielen öffentlichen Verkehrsmitteln in Asien verboten ist.

»**B**uddha springt über die Mauer« ist eine berühmte Haifischflossensuppe, die so köstlich sein soll, dass vegetarische Mönche angeblich über die Klostermauern springen, um sie zu essen.

Das »Wunderkorn« Quinoa ist eigentlich gar kein Korn. Es handelt sich um eine Gänse-fuß-Pflanze, die mit roter Bete, Spinat und Amarant verwandt ist.

Kaffeekannen für entkoffeinierten Kaffee haben in den USA oft oran-gefarbene Henkel, auf Initiative der Marke Sanka, die löslichen koffein-freien Kaffee vertreibt. Der Name »Sanka« geht auf den französischen Ausdruck für »koffeinfrei« zurück, *sans caféine*.

»**T**aser« und »Laser« sind Akronyme. TASER steht für »Thomas A. Swift's Electric Rifle«, LASER für »Light Amplification by Stimulated Emission of Radiation«.

2012 jagte das neue Puffmaisprodukt Flamin' Hot Cheetos in den USA vielen Leuten einen Schrecken ein. Eltern brachten ihre Kinder scharenweise in die Notaufnahme, weil sie meinten, Blut im Stuhl entdeckt zu haben, doch es handelte sich nur um die Lebensmittelfarbe aus den Maisflips.

Auf British-Airways-Flügen ist es den beiden Piloten untersagt, das gleiche Essen zu wählen, für den Fall, dass dieses mit Bakterien verunreinigt ist und die Passagiere gefährdet werden.

Paul Brown, der Erfinder der auf dem Kopf stehenden Ketchupflasche, bekam für das Patent von Heinz 13 Millionen Dollar.

Traditionell erzeugter Balsamico-Essig kann über 300 Dollar pro 100 Milliliter kosten, weil die Herstellung 12 bis 25 Jahre dauert und er dabei in sieben verschiedenen, immer kleineren Fässern gelagert wird.

In Südkorea geht der Trend zu kulinarischem Voyeurismus. Zu den bekanntesten Gesichtern der Bewegung gehört eine Frau, die 9000 Dollar im Monat damit verdient, vor ihrer Webcam zu essen.

Usain Bolt, der jamaikanische
Exsprinter, der momentan der
schnellste Mann der Welt ist, ernährte
sich bei den Olympischen Spielen
in Peking, wo er drei Goldmedaillen
gewann, von 100 Chicken McNuggets
am Tag.

Die Nordkoreaner lieben Schokoladenkuchen aus Südkorea. Auf dem nordkoreanischen Schwarzmarkt bekommt man etwa 9,50 Dollar dafür.

1943 war es in den USA für kurze Zeit verboten, vorgeschnittenes Brot zu verkaufen,
im Rahmen der Kriegsrationierungen. Da die
Amerikaner geschnittenes Brot sehr schätzten,
war das Verbot extrem unbeliebt und wurde
noch vor Jahresende aufgehoben.

Im Januar 2014 brach die US-amerikanische Wettesserin Molly Schuyler
den Weltrekord für den schnellsten
Verzehr eines Zwei-Kilo-Steaks – sie
schaffte es in drei Minuten.

Bis 1964 galten Hühnerflügel als Abfallprodukt und wurden weggeworfen. Dann hatte Teresa Bellissimo, Mitbesitzerin der Anchor Bar in Buffalo im US-Bundesstaat New York, die Idee, die Flügel zu frittieren und sie mit einem Dip nach einem Rezept ihres Mannes Frank zu servieren – so entstanden die »Buffalo Wings« oder »Chicken Wings«.

Grüne Oliven werden in Gläsern verkauft, schwarze hingegen nur in Dosen. Der Grund dafür ist, dass schwarze Oliven reif geerntet, grüne jedoch noch vor dem Reifezustand eingelegt werden. Um schwarze Oliven sicher zu konservieren, muss man das Behältnis auf 115 Grad Celsius erhitzen, was Glas nicht aushält. Als man einst versuchte, schwarze Oliven in Gläsern zu verkaufen, kam es massenhaft zu Lebensmittelvergiftungen.

Der schlimmste Ausbruch einer Lebensmittelvergiftung in der jüngeren Geschichte ereignete sich 1993, als 73 Filialen der Fast-Food-Kette Jack in the Box 732 Menschen mit einem besonders ansteckenden *E. coli*-Stamm infizierten, was vier Kindern das Leben kostete und bei vielen Leuten zu dauerhaften Nierenschäden führte.

Während der norwegischen Butter-
krise im Jahr 2011 führte ein akuter
heimischer Mangel dazu, dass die
Preise für Schmuggelware auf dem
Schwarzmarkt auf über 330 Dollar
pro Pfund stiegen.

Ein Witz über Schawarma im SciFi-Actionfilm *The
Avengers* 2012 führte zu einem spürbaren Anstieg des
Schawarma-Umsatzes weltweit.

Der Oberste Gerichtshof der USA urteilte 1942
im Fall »Wickard gegen Filburn«, dass der Staat
berechtigt ist, bei Überproduktion einen Teil
der Weizenernte zu vernichten, auch wenn sie
für den Privatverbrauch bestimmt ist.

In China gibt es einen regen Handel mit gefälschten
Eiern. Anscheinend kann ein durchschnittlicher Eierfäl-
scher am Tag 1500 falsche Eier produzieren, die dann an
unwissende Händler oder Verbraucher verkauft werden.

Der einzigartige Geschmack der New Yorker
Pizza wird der Qualität des dortigen Leitungs-
wassers zugeschrieben.

In Frankreich ist Ketchup in staatlichen Schulen seit 2011 verboten, da er als Bedrohung der kulinarischen Traditionen des Landes eingestuft wurde.

Honig in geschlossenen Gefäßen verdirbt nicht. Archäologen haben 3000 Jahre alte Flaschen mit Honig gefunden, der immer noch essbar war.

2013 enthüllte Kim Jong Ils ehemaliger Chefkoch Kenji Fujimoto, dass der verstorbene »Große Führer« gern Nilpferd, Schlangen und Spinnen verzehrte.

In Restaurants in der vietnamesischen Hauptstadt Hanoi kann man die Delikatesse Kobrawein bestellen. Der Kellner tötet dann eine Kobra, gießt ihr Blut in ein Glas Reiswein und platziert das noch schlagende Herz der Schlange oben auf dem Glas.

In den 1830er Jahren versuchte der griechische Gouverneur Ioannis Kapodistrias, seinem Volk die Kartoffel schmackhaft zu machen, scheiterte aber zunächst. Daraufhin ließ er Kartoffellieferungen durch bewaffnete Kräfte bewachen, um den Griechen den Eindruck zu vermitteln, die Knolle sei wertvoll. Es klappte, und heute ist die Kartoffel in ganz Griechenland beliebt.

In den USA setzen Lebensmittelkonzerne oft Kohlenmonoxid ein, um Fleisch frischer wirken zu lassen. Die Praxis ist in der EU, in Japan, Singapur und Kanada verboten.

Ketchup existiert seit etwa 300 v. Chr., doch Tomaten tauchen in den Rezepten erst 1812 auf, weil frühere Generationen sie für giftig hielten.

Das Snackunternehmen Frito-Lay schaffte die zu 100 Prozent biologisch abbaubare SunChips-Tüte wieder ab, weil sich die Kunden über das laute Knistern des Materials beschwerten. 2011 präsentierte die Firma dann eine neue Verpackung, die sowohl biologisch abbaubar als auch weniger laut als die Vorgängerversion sein soll.

Die Pilger, die laut der amerikanischen Überlieferung am Plymouth Rock das erste Thanksgiving-Mahl abgehalten haben, aßen wahrscheinlich Schwan- und Robbenfleisch.

Im 19. Jahrhundert galt es als grausame und ungewöhnliche Strafe, Gefangenen Hummer zum Essen vorzusetzen, da Hummer damals quasi das Gegenstück zu Ratten heute waren.

2011 wurden im Süden Floridas zwei Betreiber einer Domino's-Pizza-Filiale wegen Brandstiftung angeklagt; sie sollen einen Laden der konkurrierenden Kette »Papa John's« in ihrer Stadt angezündet haben.

Forscher an der Newcastle University haben herausgefunden, dass ein Schinkenbrot den Kater vertreiben kann. Die Reaktion zwischen den Aminosäuren im Schinken und dem reduzierenden Zucker im Fett kann Kopfschmerzen lindern.

Wissenschaftler haben ermittelt, dass Kürbispastete für Männer den erregendsten Essensduft abgibt, er kann den Blutfluss im Penis um 40 Prozent erhöhen.

Der kanadische Staat besitzt ein 22 500 Quadratmeter großes Lagerhaus mit einem strategischen Vorrat an Ahornsirup. 2015 befanden sich dort knapp 7000 Tonnen des süßen, klebrigen Produkts.

Laut Untersuchungen der Lufthansa wird in der Luft mehr Tomatensaft konsumiert als am Boden, weil die Höhe sich bedeutend auf die Geschmackswahrnehmung auswirkt.

Der Goldene Tempel in Indien hat
eine Küche, die jeden Tag 100 000
kostenlose vegetarische Mahlzeiten
ausgibt, an jeden, der danach fragt,
unabhängig von Religion, Herkunft
oder Schicht.

Die Fluggesellschaft American Airlines sparte in einem
Jahr 40 000 Dollar ein, indem sie eine Olive aus jedem
an Bord servierten Salat wegließ.

Aufgrund einer 40 Jahre alten
Werbekampagne ist KFC in Japan an
Weihnachten so beliebt, dass Kunden
ihr Essen mindestens zwei Monate
im Voraus bestellen müssen. Dabei
ist Weihnachten in Japan nicht einmal ein Feiertag.

In Deutschland wird pro Kopf mehr Schokolade verzehrt als in allen anderen Ländern der
Welt. Jeder Deutsche isst jährlich im Schnitt
114 Tafeln Schokolade, in den USA sind es im
Vergleich 51 Tafeln.

Der amerikanische Forschungs-
reisende William Seabrook aß beim
Kannibalenstamm der Guéré in West-
afrika Menschenfleisch. Er berichtete,
dass es anders geschmeckt habe als
jedes Fleisch, das er vorher verzehrt
habe, aber am ehesten mit gutem
Rindfleisch zu vergleichen sei.

In Kanada sind Wachstumshormone, um die Milchpro-
duktion von Kühen anzuregen, gesetzlich verboten.

Ein Caesar Chicken Salad von McDonald's
enthält deutlich mehr Fett als ein Hamburger,
selbst wenn dieser mit Pommes serviert wird.

Alle Rezepte für Worcestershiresauce
verlangen, dass Sardellen in Essig
eingelegt werden, bis sich die Fische
komplett aufgelöst haben.

In den USA werden jedes Jahr ungeöffnete,
essbare Lebensmittel im Wert von 43 Milliarden
Dollar weggeworfen.

Das Obst und Gemüse in den USA enthält heute bedingt durch die modernen Landwirtschaftsmethoden deutlich weniger Vitamine und Mineralstoffe als vor 40 Jahren. Die Eisenwerte sind beispielsweise um 37 Prozent gesunken.

Die US-Fast-Food-Kette Taco Bell hat zweimal vergeblich versucht, in den mexikanischen Markt einzusteigen. Beim zweiten Mal versuchte das Unternehmen, den Mexikanern seine Produkte als US-amerikanisches Essen zu verkaufen.

Sojamilch muss nicht gekühlt werden, steht in Supermärkten aber oft im Kühlregal, um den Kunden den Eindruck zu vermitteln, sie sei frisch.

In China werden jedes Jahr etwa vier Millionen Katzen gegessen, hauptsächlich in den Provinzen Guangdong und Guangxi. In Nordchina gilt der Verzehr von Katzenfleisch nicht als akzeptabel.

Ketchup aus rotgefärbtem Bananenbrei ist auf den Philippinen sehr beliebt. Er entstand während des Zweiten Weltkriegs, als der Tomatenmangel einen kreativen Lebensmitteltechniker zu der Idee inspirierte.

Das Breatharian Institute of America, das viele wohl als Sekte einstufen würden, glaubt, dass Menschen nur von Sonnenlicht und Luft leben können.

Bei einer Umfrage in Großbritannien gaben 95 Prozent der Befragten an, sie kauften Biosalat, um keine Pestizide zu sich zu nehmen. Dabei können auch Biolebensmittel Pestizide enthalten und tun das meist auch.

Einem Bauern in Japan gelang es, Wassermelonen so in Glaskästen anzubauen, dass sie zu würfelförmigen Produkten heranwuchsen, die besser ins Ladenregal passen.

Eine Gruppe deutscher Wissenschaftler hat Untersuchungen veröffentlicht, die nahelegen, dass die Fleischvorlieben von Menschen genetisch vorherbestimmt sind.

Laut dem Centre for Retail Research ist Käse das am meisten aus Läden gestohlene Lebensmittel der Welt.

In einem Experiment, das von der US-Atomenergiebehörde und dem Frühstücksflockenunternehmen Quaker Oats finanziert wurde, bekamen behinderte Schulkinder mit radioaktiven Chemikalien versetzte Haferflocken zu essen. Die Kinder wurden darüber nicht in Kenntnis gesetzt, das Krankenhauspersonal erzählte ihnen nur, sie würden einem Wissenschaftsclub beitreten.

Das erste Speiseeis wurde um 3000 v. Chr. in China hergestellt.

Neue Forschungen von Wissenschaftlern an der University of California in San Diego ergeben, dass Leute, die mehr Schokolade essen, tendenziell dünner sind als solche, die weniger naschen.

Wer zu viel Kaninchen isst, ohne etwas anderes zu sich zu nehmen, kann daran sterben, weil der Körper eine große Menge seiner Vitamine und Mineralstoffe dazu verwenden muss, das Fleisch zu verdauen.

Elchkäse kostet etwa 460 Dollar pro Pfund, weil es über zwei Stunden dauert, eine Elchkuh zu melken, und der Vorgang in absoluter Stille ablaufen muss, damit das Tier keine Angst bekommt.

2006 berichtete die *New York Times* über fremdenfeindliche französische Suppenküchen, die ausschließlich Suppen mit Schweinefleisch anbieten, damit keine Muslime und Juden bei ihnen essen.

Wildlachs ist rosa, weil die Tiere so viele Schalentiere fressen. Um die Erwartungen der Kunden zu erfüllen, wählen Züchter den gewünschten Farbton aus einem Farbenkatalog namens »Lachsfächer« aus. Der Färbeprozess macht etwa ein Drittel der Kosten der Lachsaufzucht aus.

Das »Feinschmeckersyndrom« ist ein seltenes, ungefährliches Phänomen, das bei Verletzungen des rechten Stirnlappens auftreten kann. Die Betroffenen entwickeln eine neue Leidenschaft für Gourmetessen – sie sind auf Delikatessen versessen, selbst ihre Gespräche und Gedanken kreisen darum.

Die Aufnahme von Fruktose vor dem Trinken kann den Alkoholstoffwechsel um 80 Prozent beschleunigen.

Die ersten Take-away-Imbisse waren Straßen-
karren im alten Rom.

Das geheime Gewürz, das im
Originalrezept von Kentucky Fried
Chicken Anwendung findet, ist bei
Marion-Kay Spices unter dem Namen
»99 X« erhältlich.

Der Name der Büromaterialkette Staples ist ein
Wortwitz. Das Wort »staples« bedeutet sowohl
»Heftklammern« als auch »Grundbedarfsmit-
tel« (in diesem Fall für Haus und Büro) – bei-
des wird bei Staples verkauft.

Katzen verbringen 70 Prozent ihrer Lebenszeit mit
Schlafen.

Weibliche Kängurus haben drei Vaginen.

Bei Garnelen befindet sich
das Herz im Kopf.

Selbst heute noch halten viele Chinesen Käse
für etwas, das von nomadischen Barbaren an
der westlichen Grenze des Landes gegessen
wird.

US-Eier wären in britischen Supermärkten verboten, weil sie gewaschen sind. Andersherum ist es genauso – britische Eier dürften nicht in amerikanischen Supermärkten verkauft werden, weil sie nicht gewaschen sind.

Die Geschicke der Kleinstadt Talkeetna in Alaska leitet seit 15 Jahren Bürgermeister Stubbs – eine beachtliche Leistung für einen gewählten Volksvertreter, umso mehr, als es sich bei Stubbs um einen Kater handelt.

Theoretisch können Menschen nur von Kartoffeln und Butter leben.

Der Gemeine Schwefelporling, ein Pilz, schmeckt fast genau wie Hühnerfleisch.

Künstlicher Himbeergeschmack wird aus den Analdrüsen von Bibern gewonnen.

Der asexuelle Koch Mao Sugiyama schnitt seine Genitalien ab, kochte sie und tischte sie bei einem speziellen Bankett seinen Gästen auf.

Die Leber eines Eisbären enthält so viel Vitamin A wie
79 bis 115 Hühnereier. Verspeist ein Mensch die Leber,
löst das eine Hypervitaminose A aus, die zu Schwindel,
Knochenschmerzen, Hautablösung und in schlimmen
Fällen Koma oder Tod führt.

Der größte Penis der Erde ist der des Blauwals,
der im Schnitt zweieinhalb bis drei Meter lang
ist und einen Durchmesser von 30 bis 35 Zenti-
metern hat.

Das älteste Geschöpf der Welt war ein
507 Jahre altes Weichtier, das versehentlich von
Forschern getötet wurde.

Das älteste Suppenrezept
der Welt ist 6000 Jahre alt,
zu den Zutaten zählt Fluss-
pferdfleisch.

Das offizielle Gemüse des US-Bundesstaates
Oklahoma ist die Wassermelone.

Im Freizeitpark Namco
Namja Town in Tokio gibt
es Eiscreme mit Pferde-
fleischgeschmack.

Der sardische Käse *casu marzu* wird absichtlich mit Maden versetzt, die bis zu 15 Zentimeter vom Käse wegspringen können. Die Maden produzieren Enzyme, die zur Fermentation beitragen. Da die Larven nicht unbedingt von der Magensäure abgetötet werden und sich durch die Magenwände bohren können, ist der Verkauf von *casu marzu* nach italienischem und EU-Recht verboten.

Eine wichtige Quelle des Geschmacksverstärkers L-Cystein sind Schweineborsten.

Fischmilch, auf der ganzen Welt als Delikatesse beliebt, ist die Samenflüssigkeit von Fischen und Weichtieren.

Die ungesündesten Fast-Food-Pommes in den USA sind die normalen Pommes von Dairy Queen, die es auf 730 Kalorien bringen.

Die amerikanische Pizza-Kette Chuck E. Cheese wurde von Nolan Bushnell gegründet, dem kreativen Kopf hinter dem Spielkonsolenunternehmen Atari.

Der Name »Spam« für Frühstücksfleisch in Dosen stammt vom Schauspieler Kenneth Daigneau, der 100 Dollar dafür erhielt. Laut dem Spam-Hersteller Hormel ist der Name eine Abkürzung von »spiced ham« (»gewürzter Schinken«), auch wenn das Unternehmen anscheinend früher einmal behauptete er stände für »shoulder and pork ham« (»Schulter- und Schweine- schinken«).

Der Apfel gehört zur Familie der Rosen.

Äpfel schwimmen im Wasser, weil Luft 25 Prozent ihres Volumens ausmacht.

Das Eis am Stiel wurde 1905 vom elfjährigen Frank Epperson aus der Bay Area erfunden.

Chilischoten sind so scharf, weil sie eine chemische Verbindung namens Capsaicin enthalten, die den Sin- nesnerven »vorgaukelt«, sie würden brennen.

1964 erklärte der Kongress Bourbon zum »alkoholischen Urgetränk Amerikas«.

Eine Kanadierin wurde wegen Sachbeschädi- gung festgenommen, weil sie versucht hatte, an einem heißen Tag Schweinen Wasser zu geben.

M&Ms waren im Zweiten Weltkrieg ursprünglich Bestandteil der Armeerationen und erst nach dem Krieg wieder öffentlich erhältlich.

Ob ein Bierglas schmutzig ist, lässt sich daran erkennen, ob Bläschen von den Seiten des Glases aufsteigen.

Zu den Bermudas gehört eine Insel, auf der es von wilden schwimmenden Schweinen wimmelt. Man geht davon aus, dass sich die Tiere nach einem Schiffbruch dort ausgebreitet haben.

In der britischen Marine stand bis 1970 jedem Matrosen eine tägliche Portion Rum zu. Er wurde in einem speziellen Fass gelagert, auf dem die Worte *Gott schütze die Königin* eingraviert waren, und immer mittags ausgeteilt.

ESSEN, TIERE, GEGENSTÄNDE & MEHR!

1. An welchem Merkmal können Schimpansen einzelne Artgenossen erkennen?
   a. am Gesicht
   b. an den Augen
   c. am Hinterteil
   d. an den Ausscheidungen

2. Welches Lebensmittel wird am häufigsten aus Läden geklaut?
   a. Käse
   b. Milch
   c. Schokolade
   d. Spinat

3. Wie viele Vaginen haben weibliche Kängurus?
   a. 1
   b. 2
   c. 3
   d. 4

4. Welches ist das offizielle Gemüse Oklahomas?
   a. Broccoli
   b. die Möhre
   c. Kohl
   d. die Wassermelone

Auflösung: 1. C; 2. A; 3. C; 4. D